N.o
166
(A)

GEORGE SAND ILLUSTRÉ PAR TONY JOHANNOT
ET MAURICE SAND

VOYAGE A MAJORQUE

PRÉFACE ET NOTICE NOUVELLE

Prix : 70 centimes

PARIS
ÉDITION J. HETZEL
LIBRAIRIE CENTRALE DES PUBLICATIONS ILLUSTRÉES
5, RUE DU PONT-DE-LODI, 5

UN HIVER A MAJORQUE

PAR

GEORGE SAND

Droits de reproduction et de traduction réservés

NOTICE

Ce livre porte sa date dans une lettre dédicace à mon ami François Rollinat, et sa raison d'être dans les réflexions qui ouvrent le chapitre IV ; je ne saurais que les répéter : « Pourquoi voyager quand on n'y est pas forcé ? » Aujourd'hui, revenant des mêmes latitudes traversées sur un autre point de l'Europe méridionale, je m'adresse la même réponse qu'autrefois à mon retour de Majorque : « C'est qu'il ne s'agit pas tant de voyager que de partir : quel est celui de nous qui n'a pas quelque douleur à distraire ou quelque joug à secouer ? »

GEORGE SAND.

Nohant, 25 août 1855.

LETTRE

D'UN EX-VOYAGEUR A UN AMI SÉDENTAIRE.

Sédentaire par devoir, tu crois, mon cher François, qu'emporté par le fier et capricieux *dada* de l'indépendance, je n'ai pas connu de plus ardent plaisir en ce monde que celui de traverser mers et montagnes, lacs et vallées. Hélas ! mes plus beaux, mes plus doux voyages, je les ai faits au coin de mon feu, les pieds dans la cendre chaude et les coudes appuyés sur les bras râpés du fauteuil de ma grand-mère. Je ne doute pas que tu n'en fasses d'aussi agréables et de plus poétiques mille fois : c'est pourquoi je te conseille de ne pas trop regretter ton temps, ni ta peine, ni tes sueurs sous les tropiques, ni tes pieds glacés sur les plaines neigeuses du pôle, ni les affreuses tempêtes essuyées sur mer, ni les attaques de brigands, ni aucun des dangers, ni aucune des fatigues que tous les soirs tu affrontes en imagination sans quitter tes pantoufles, et sans autre dommage que quelques brûlures de cigare à la doublure de ton pourpoint.

Pour te réconcilier avec la privation d'espace réel et de mouvement physique, je t'envoie la relation du dernier voyage que j'ai fait hors de France, certain que tu me plaindras plus que tu ne m'envieras, et que tu trouveras trop chèrement achetés quelques élans d'admiration et quelques heures de ravissement disputées à la mauvaise fortune.

Cette relation, déjà écrite depuis un an, m'a valu de la part des habitants de Majorque une diatribe des plus fulminantes et des plus comiques. Je regrette qu'elle soit trop longue pour être publiée à la suite de mon récit; car le ton dont elle est conçue et l'aménité des reproches qui m'y sont adressés confirmeraient mes assertions sur l'hospitalité, le goût et la délicatesse des Majorquins à l'égard des étrangers. Ce serait une pièce justificative assez curieuse; mais qui pourrait la lire jusqu'au bout? Et puis, s'il y a de la vanité et de la sottise à publier les compliments qu'on reçoit, n'en aurait-il pas peut-être plus encore, par le temps qui court, à faire bruit des injures dont on est l'objet?

Je t'en fais donc grâce, et me bornerai à te dire, pour compléter les détails que je te dois sur cette naïve population majorquine, qu'après avoir lu ma relation, les plus habiles avocats de Palma, au nombre de quarante, m'a-t-on dit, se réunirent pour composer à frais communs d'imagination un terrible factum contre l'*écrivain immoral* qui s'était permis de rire de leur amour pour le gain et de leur sollicitude pour l'éducation du porc. C'est le cas de dire *avec l'autre* qu'à eux tous ils eurent de l'esprit comme quatre.

Mais laissons en paix ces bonnes gens, si échauffés contre moi; ils ont eu le temps de se calmer, et moi celui d'oublier leur façon d'agir, de parler et d'écrire. Je ne me rappelle plus, des insulaires de ce beau pays, que les cinq ou six personnes dont l'accueil obligeant et les manières affectueuses seront toujours dans mon souvenir comme une compensation et un bienfait du sort. Si je ne les ai pas nommées, c'est parce que je ne me considère pas comme un personnage assez important pour les honorer et les illustrer par ma reconnaissance; mais je suis sûr (et je crois l'avoir dit dans le courant de mon récit) qu'elles auront gardé aussi de moi un souvenir amical qui les empêchera de se croire comprises dans mes irrévérencieuses moqueries, et de douter de nos sentiments pour elles.

Je ne t'ai rien dit de Barcelone, où nous avons passé cependant quelques jours fort remplis avant de nous embarquer pour Majorque. Aller par mer de Port-Vendres à Barcelone, par un beau temps et un bon bateau à vapeur, est une promenade charmante. Nous commençâmes à retrouver sur le rivage de Catalogne l'air printanier qu'au mois de novembre nous venions de respirer à Nîmes, mais qui nous avait quittés à Perpignan; la chaleur de l'été nous attendait à Majorque. A Barcelone, une fraîche brise de mer tempérait un soleil brillant, et balayait de tout nuage les vastes horizons encadrés au loin de cimes tantôt rosées et chauves, tantôt blanches de neige. Nous fîmes une excursion dans la campagne, non sans que les bons petits chevaux andalous qui nous conduisaient eussent bien mangé l'avoine, afin de pouvoir, en cas de mauvaise rencontre, nous ramener lestement sous les murs de la citadelle.

Tu sais qu'à cette époque (1838) les factieux parcouraient tout ce pays par bandes vagabondes, coupant les routes, faisant invasion dans les villes et villages, rançonnant jusqu'aux moindres habitations, élisant domicile dans les maisons de plaisance jusqu'à une demi-lieue de la ville, et sortant à l'improviste du creux de chaque rocher pour demander au voyageur la bourse ou la vie.

Nous nous hasardâmes cependant jusqu'à plusieurs lieues au bord de la mer, sans rencontrâmes que des détachements de christinos qui descendaient à Barcelone. On nous dit que c'étaient les plus belles troupes de l'Espagne; c'étaient d'assez beaux hommes, et pas trop mal tenus pour des gens qui viennent de faire campagne; mais hommes et chevaux étaient si maigres, les uns avaient la face si jaune et si hâve, les autres la tête si basse et les flancs si creusés, qu'on sentait en les voyant le mal de la faim.

Un spectacle plus triste encore, c'était celui des fortifications élevées autour des moindres hameaux et devant la porte des plus pauvres chaumières: un petit mur d'enceinte en pierres sèches, une tour crénelée grande et épaisse comme un nougat devant chaque porte, ou bien de petites murailles à meurtrières autour de chaque toit, attestaient qu'aucun habitant de ces riches campagnes ne se croyait en sûreté. En bien des endroits, ces petites fortifications ruinées portaient les traces récentes de l'attaque et de la défense.

Quand on avait franchi les formidables et immenses fortifications de Barcelone, je ne sais combien de portes, de ponts-levis, de poternes et de remparts, rien n'annonçait plus qu'on fût dans une ville de guerre. Derrière une triple enceinte de canons, et isolée du reste de l'Espagne par le brigandage et la guerre civile, la brillante jeunesse se promenait au soleil sur la *rambla*, longue allée plantée d'arbres et de maisons comme nos boulevards: les femmes, belles, gracieuses et coquettes, occupées uniquement du pli de leurs mantilles et du jeu de leurs éventails; les hommes occupés de leurs cigares, riant, causant, lorgnant les dames, s'entretenant de l'opéra italien, et ne paraissant pas se douter de ce qui se passait de l'autre côté de leurs murailles. Mais quand la nuit était venue, l'opéra fini, les guitares éloignées, la ville livrée aux vigilantes promenades des *sérénos*, on n'entendait plus, au milieu du bruissement monotone de la mer, que les cris sinistres des sentinelles, et des coups de feu, plus sinistres encore, qui, à intervalles inégaux, partinient, tantôt rares, tantôt précipités, de plusieurs points, soit tour à tour, soit spontanément, tantôt bien loin, parfois bien près, et toujours jusqu'aux premières lueurs du matin. Alors tout rentrait dans le silence pendant une heure ou deux, et les bourgeois semblaient dormir profondément, pendant que le port s'éveillait et que le peuple des matelots commençait à s'agiter.

Si aux heures du plaisir et de la promenade on s'avisait de demander quels étaient ces bruits étranges et effrayants de la nuit, il vous était répondu en souriant que cela ne regardait personne et qu'il n'était pas prudent de s'en informer.

PREMIÈRE PARTIE.

I.

Deux touristes anglais découvrirent, il y a, je crois, une cinquantaine d'années, la vallée de Chamounix, ainsi que l'atteste une inscription taillée sur un quartier de roche à l'entrée de la Mer-de-Glace.

La prétention est un peu forte, si l'on considère la position géographique de ce vallon, mais légitime jusqu'à un certain point, si ces touristes, dont je n'ai pas retenu les noms, indiquèrent les premiers aux poètes et aux peintres ces sites romantiques où Byron rêva son admirable drame de *Manfred*.

On peut dire en général, et en se plaçant au point de vue de la mode, que la Suisse n'a été découverte par le beau monde et par les artistes que depuis le siècle dernier. Jean-Jacques Rousseau est le véritable Christophe Colomb de la poésie alpestre, et, comme l'a très-bien observé M. de Chateaubriand, il est le père du romantisme dans notre langue.

N'ayant pas précisément les mêmes titres que Jean-Jacques à l'immortalité, et en cherchant bien ceux que je pourrais avoir, j'ai trouvé que j'aurais peut-être pu m'illustrer de la même manière que les deux Anglais de la vallée de Chamounix, et réclamer l'honneur d'avoir découvert l'île de Majorque. Mais le monde est devenu si exigeant, qu'il ne m'eût pas suffi aujourd'hui de faire inciser mon nom sur quelque roche baléarique. On eût exigé de moi une description assez exacte, ou tout au moins une relation assez poétique de mon voyage, pour donner envie aux touristes de l'entreprendre sur ma parole; et comme je ne me sentis point dans une disposition d'esprit extatique en ce pays-là, je renonçai à la gloire de ma découverte, et ne la constatai ni sur le granit ni sur le papier.

Si j'avais écrit sous l'influence des chagrins et des contrariétés que j'éprouvais alors, il ne m'eût pas été possible de me vanter de cette découverte; car chacun, après m'avoir lu, m'eût répondu qu'il n'y avait pas de quoi. Et cependant il y avait de quoi, j'ose le dire aujourd'hui; car Majorque est pour les peintres un des plus beaux pays de la terre et un des plus ignorés. Là où il n'y a que la beauté pittoresque à décrire, l'expression littéraire est si pauvre et si insuffisante, que je ne songeai même pas à m'en charger. Il faut le crayon et le burin du dessinateur pour révéler les grandeurs et les grâces de la nature aux amateurs de voyages.

Donc, si je secoue aujourd'hui la léthargie de mes souvenirs, c'est parce que j'ai trouvé un de ces derniers matins sur ma table un joli volume intitulé :
Souvenirs d'un Voyage d'art à l'île de Majorque, par J.-B. Laurens.

Ce fut pour moi une véritable joie que de retrouver Majorque avec ses palmiers, ses aloès, ses monuments arabes et ses costumes grecs. Je reconnaissais tous les sites avec leur couleur poétique, et je retrouvais toutes mes impressions effacées déjà, du moins à ce que je le croyais. Il n'y avait pas une masure, pas une broussaille, qui ne réveillât en moi un monde de souvenirs, comme on dit aujourd'hui; et alors je me suis senti, sinon la force de raconter mon voyage, du moins celle de rendre compte de celui de M. Laurens, artiste intelligent, laborieux, plein de rapidité et de conscience dans l'exécution, et auquel il faut certainement restituer l'honneur que je m'attribuais d'avoir découvert l'île de Majorque.

Ce voyage de M. Laurens au fond de la Méditerranée, sur des rives où la mer est parfois aussi peu hospitalière que les habitants, est beaucoup plus méritoire que la promenade de nos deux Anglais au Montanvert. Néanmoins, si la civilisation européenne était arrivée à ce point de supprimer les douaniers et gendarmes, ces manifestations visibles des méfiances et des antipathies nationales; et si la navigation à la vapeur était organisée directement de chez nous vers ces parages, Majorque ferait bientôt grand tort à la Suisse; car on pourrait s'y rendre en aussi peu de jours, et on y trouverait certainement des beautés aussi suaves et des grandeurs étranges et sublimes qui fourniraient à la peinture de nouveaux aliments.

Pour aujourd'hui, je ne puis en conscience recommander ce voyage qu'aux artistes robustes de corps et passionnés d'esprit. Un temps viendra sans doute où les amateurs délicats, et jusqu'aux jolies femmes, pourront aller à Palma sans plus de fatigue et de déplaisir qu'à Genève.

Longtemps associé aux travaux artistiques de M. Taylor sur les vieux monuments de la France, M. Laurens, livré maintenant à ses propres forces, a imaginé, l'an dernier, de visiter les Baléares, sur lesquelles il avait eu si peu de renseignements, qu'il confesse avoir éprouvé un grand battement de cœur en touchant ces rives où tant de déceptions l'attendaient peut-être en réponse à ses songes dorés. Mais ce qu'il allait chercher là, il devait le trouver, et toutes ses espérances furent réalisées; car, je le répète, Majorque est l'Eldorado de la peinture. Tout y est pittoresque, depuis la cabane du paysan, qui a conservé les moindres constructions de la tradition du style arabe, jusqu'à l'enfant drapé dans ses guenilles, et triomphant dans sa *malpropreté grandiose*, comme dit Henri Heine à propos des femmes du marché aux herbes de Vérone. Le caractère du paysage, plus riche en végétation que celui de l'Afrique ne l'est en général, a tout autant de largeur, de calme et de simplicité. C'est la verte Helvétie sous le ciel de la Calabre, avec la solennité et le silence de l'Orient.

En Suisse, le torrent qui roule partout et le nuage qui passe sans cesse donnent aux aspects une mobilité de couleur et pour ainsi dire une continuité de mouvement que la peinture n'est pas toujours heureuse à reproduire. La nature semble s'y jouer de l'artiste. A Marjorque, elle semble l'attendre et l'inviter. Là, la végétation affecte des formes altières et bizarres; mais elle ne déploie pas ce luxe désordonné sous lequel les lignes du paysage suisse disparaissent trop souvent. La cime du rocher dessine ses contours bien arrêtés sur un ciel étincelant, le palmier se penche de lui-même sur les précipices sans que la brise capricieuse dérange la majesté de sa chevelure, et, jusqu'au moindre cactus rabougri au bord du chemin, tout semble poser avec une sorte de vanité pour le plaisir des yeux.

Avant tout, nous donnerons une description très-succincte de la grande Baléare, dans la forme vulgaire d'un article de dictionnaire géographique. Cela n'est point si facile qu'on le suppose, surtout quand on cherche à s'instruire dans le pays même. La prudence de l'Espagnol et la méfiance de l'insulaire y sont poussées si loin, qu'un étranger ne doit adresser à qui que ce soit la question la plus oiseuse du monde, sous peine de passer pour un agent politique. Ce bon M. Laurens, pour s'être permis de *croquer* un castillo en ruines dont l'aspect lui plaisait, a été fait prisonnier par l'ombrageux gouverneur, qui l'accusait de lever le plan de sa forteresse [1]. Aussi notre voyageur, résolu à compléter son album ailleurs que dans les prisons d'État de Majorque, s'est-il bien gardé de s'enquérir d'autre chose que des sentiers de la montagne et d'interroger d'autres documents que les pierres des ruines. Après avoir passé quatre mois à Majorque, je ne serais pas plus avancé que lui, si je n'eusse consulté le peu de détails qui nous ont été transmis sur ces contrées. Mais là ont recommencé mes incertitudes; car ces ouvrages, déjà anciens, se contredisent tellement entre eux, et, selon la coutume des voyageurs, se démentent et se dénigrent si superbement les uns les autres, qu'il faut se résoudre à redresser quelques inexactitudes, sauf à en commettre beaucoup d'autres. Voici toutefois mon article de dictionnaire géographique; et, pour ne pas me départir de mon rôle de voyageur, je commence par déclarer qu'il est incontestablement supérieur à tous ceux qui le précèdent.

II.

Majorque, que M. Laurens appelle *Balearis Major*, comme les Romains, que le roi des historiens majorquins, le docteur Juan Dameto, dit avoir été plus anciennement appelée *Clumba* ou *Columba*, se nomme réellement aujourd'hui par mégarde Mallorca, et la capitale ne s'est jamais appelée Majorque, comme il a plu à plusieurs de nos géographes de l'établir, mais Palma.

Cette île est la plus grande et la plus fertile de l'archipel Baléare, vestige d'un continent dont la Méditer-

---

[1] « La seule chose qui captiva mon attention sur ce rivage fut une masure couleur d'ocre rouge et entourée d'une haie de cactus. C'était le castillo de Soller. A peine avais-je arrêté les lignes de mon dessin, que je vis fondre sur moi quinze individus montrant une mine à faire peur, ou plutôt à faire rire. J'étais coupable de lever, contrairement aux lois du royaume, le plan d'une forteresse. Elle devint à l'instant une prison pour moi.

« J'étais trop loin d'avoir de l'éloquence dans la langue espagnole pour démontrer à ces gens l'absurdité de leur procédé. Il fallut recourir à la protection du consul français de Soller, et, quel que fût son empressement, je n'en restai pas moins captif pendant trois mortel les heures, gardé par le señor Sei-Dedos, gouverneur du fort, véritable dragon des Hespérides. La tentation me prenait quelquefois de jeter à la mer, du haut de son bastion, ce dragon risible et son accoutrement militaire; mais sa mine désarmait toujours ma colère. Si j'avais eu le talent de Chariot, j'aurais passé mon temps à étudier mon gouverneur, excellent modèle de caricature. Au reste, je lui pardonnais son dévouement trop aveugle au salut de l'État. Il était bien naturel que ce pauvre homme, n'ayant d'autre distraction que celle de fumer son cigare en regardant la mer, profitât de l'occasion que je lui offrais de varier ses occupations. Je revins vers Soller, riant de ne m'avoir été pris pour un ennemi de la patrie et de la constitut on. » (*Souvenirs d'un voyage d'art à l'île de Majorque, par J.-B. Laurens*.)

ranée doit avoir envahi le bassin, et qui, ayant uni sans doute l'Espagne à l'Afrique, participe du climat et des productions de l'une et de l'autre. Elle est située à 25 lieues sud-est de Barcelone, à 45 du point le plus voisin de la côte africaine, et je crois à 95 ou 100 de la rade de Toulon. Sa surface est de 1,234 milles carrés [1], son circuit de 143, sa plus grande extension de 54, et la moindre de 28. Sa population, qui, en l'année 1787, était de 136,000 individus, est aujourd'hui d'environ 160,000. La ville de Palma en contient 36,000, au lieu de 32,000 qu'elle comptait à cette époque.

La température varie assez notablement suivant les diverses expositions. L'été est brûlant dans toute la plaine; mais la chaîne de montagnes qui s'étend du nord-est au sud-ouest (indiquant par cette direction son identité avec les territoires de l'Afrique et de l'Espagne, dont les points les plus rapprochés affectent cette inclinaison et correspondent à ses angles les plus saillants) influe beaucoup sur la température de l'hiver. Ainsi Miguel de Vargas rapporte qu'en rade de Palma, durant le terrible hiver de 1784, le thermomètre de Réaumur se trouva une seule fois à 6 degrés au-dessus de glace dans un jour de janvier; que d'autres jours il monta à 16, et que le plus souvent il se maintint à 11. — Or, cette température fut à peu près celle que nous eûmes dans un hiver ordinaire sur la montagne de Valdemosa, qui est réputée une des plus froides régions de l'île. Dans les nuits les plus rigoureuses, et lorsque nous avions deux pouces de neige, le thermomètre n'était qu'à 6 ou 7 degrés. A huit heures du matin, il était remonté à 9 ou 10, et à midi il s'élevait à 12 ou 14. Ordinairement, vers trois heures, c'est-à-dire après que le soleil était couché pour nous derrière les pics de montagnes qui nous entouraient, le thermomètre redescendait subitement à 9 et même à 8 degrés.

Les vents du nord y soufflent souvent avec fureur, et, dans certaines années, les pluies d'hiver tombent avec une abondance et une continuité dont nous n'avons en France aucune idée. En général, le climat est sain et généreux dans toute la partie méridionale qui s'abaisse vers l'Afrique, et que préservent de ces furieuses bourrasques du nord la Cordillère médiane et l'escarpement considérable des côtes septentrionales. Ainsi, le plan général de l'île est une surface inclinée du nord-ouest au sud-est, et la navigation, à peu près impossible au nord à cause des déchirures et des précipices de la côte, *escarpada y horrorosa, sin abrigo ni resguardo* (Miguel de Vargas), est facile et sûre au midi.

Malgré ses ouragans et ses aspérités, Majorque, à bon droit nommée par les anciens l'île dorée, est extrêmement fertile, et ses produits sont d'une qualité exquise. Le froment y est si pur et si beau, que les habitants l'exportent, et qu'on s'en sert exclusivement à Barcelone pour faire la pâtisserie blanche et légère, appelée *pan de Mallorca*. Les Marjorquins font venir de Galice et de Biscaye un blé plus grossier et à plus bas prix, dont ils se nourrissent; ce qui fait que, dans le pays le plus riche en blé excellent, on mange du pain détestable. J'ignore si cette spéculation leur est fort avantageuse.

Dans nos provinces du centre, où l'agriculture est la plus arriérée, l'usage du cultivateur ne prouve rien autre chose que son obstination et son ignorance. A plus forte raison en est-il ainsi à Majorque, où l'agriculture, bien que fort minutieusement soignée, est à l'état d'enfance. Nulle part je n'ai vu travailler la terre si patiemment et si mollement. Les machines les plus simples sont inconnues; les bras de l'homme, bras fort maigres et fort débiles, comparativement aux nôtres, suffisent à tout, mais avec une lenteur inouïe. Il faut une demi-journée,

[1] « Medida por el ayre. Cada milla de mil pasos geometricos y un paso de 5 pies geometricos. » (Miguel de Vargas, *Descripciones de las islas Pitiusas y Baleares*. Madrid, 1787.)

pour bêcher moins de terre qu'on n'en expédierait chez nous en deux heures, et il faut cinq ou six hommes des plus robustes pour remuer un fardeau que le moindre de nos portefaix enlèverait gaiement sur ses épaules.

Malgré cette nonchalance, tout est cultivé, et en apparence bien cultivé à Majorque. Ces insulaires ne connaissent point, dit-on, la misère; mais au milieu de tous les trésors de la nature, et sous le plus beau ciel, leur vie est plus rude et plus tristement sobre que celle de nos paysans.

Les voyageurs ont coutume de faire des phrases sur le bonheur de ces peuples méridionaux, dont les figures et les costumes pittoresques leur apparaissent le dimanche aux rayons du soleil, et dont ils prennent l'absence d'idées et le manque de prévoyance pour l'idéale sérénité de la vie champêtre. C'est une erreur que j'ai souvent commise moi-même, mais dont je suis bien revenu, surtout depuis que j'ai vu Majorque.

Il n'y a rien de si triste et de si pauvre au monde que ce paysan qui ne sait que prier, chanter, travailler, et qui ne pense jamais. Sa prière est une formule stupide qui ne présente aucun sens à son esprit; son travail est une opération des muscles qu'aucun effort de son intelligence ne lui enseigne à simplifier, et son chant est l'expression de cette morne mélancolie qui l'accable à son insu, et dont la poésie nous frappe sans se révéler à lui. N'était la vanité qui l'éveille de temps en temps de sa torpeur pour le pousser à la danse, ses jours de fête seraient consacrés au sommeil.

Mais je m'échappe déjà hors du cadre que je me suis tracé. J'oublie que, dans la rigueur de l'usage, l'article géographique doit mentionner avant tout l'économie productive et commerciale, et ne s'occuper qu'en dernier ressort, après les céréales et le bétail, de l'espèce Homme.

Dans toutes les géographies descriptives que j'ai consultées, j'ai trouvé à l'article *Baléares* cette courte indication que je confirme ici, sauf à revenir plus tard sur les considérations qui en atténuent la vérité: « Ces insulaires sont *fort affables* (on sait que, dans toutes les îles, la race humaine se classe en deux catégories: ceux qui sont anthropophages et ceux qui sont fort affables). Ils sont doux, hospitaliers; il est rare qu'ils commettent des crimes, et le vol est presque inconnu chez eux. » En vérité, je reviendrai sur ce texte.

Mais, avant tout, parlons des produits; car je crois qu'il a été prononcé dernièrement à la chambre quelques paroles (au moins imprudentes) sur l'occupation réalisable de Majorque par les Français, et je présume que, si cet écrit tombe entre les mains de quelqu'un de nos députés, il s'intéressera beaucoup plus à la partie des denrées qu'à mes réflexions philosophiques sur la situation intellectuelle des Majorquins.

———

Je dis donc que le sol de Majorque est d'une fertilité admirable, et qu'une culture plus active et plus savante en décuplerait les produits. Le principal commerce extérieur consiste en amandes, en oranges et en cochons. O belles plantes hespérides gardées par ces dragons immondes, ce n'est pas ma faute si je suis forcé d'accoler votre souvenir à celui de ces ignobles pourceaux dont le Majorquin est plus jaloux et plus fier que de vos fleurs embaumées et de vos pommes d'or! Mais ce Majorquin qui vous cultive n'est pas plus poétique que le député qui me lit.

Je reviens donc à mes cochons. Ces animaux, cher lecteur, sont les plus beaux de la terre, et le docteur Miguel Vargas fait, avec la plus naïve admiration, le portrait d'un jeune porc qui, à l'âge candide d'un an et demi, pesait vingt-quatre arrobes, c'est-à-dire six cents livres. O temps-là, l'exploitation de cette espèce ne jouissait pas à Majorque de cette splendeur qu'elle a acquise de nos jours. Le commerce des bestiaux était entravé par la rapacité des *assentistes* ou fournisseurs, auxquels le gouvernement espagnol confiait, c'est-à-dire vendait l'entreprise des approvisionnements. En vertu de leur pouvoir discrétionnaire, ces spéculateurs s'opposaient à toute exportation de bétail, et se réservaient la faculté d'une importation illimitée.

Cette pratique usuraire eut le résultat de dégoûter les cultivateurs du soin de leurs troupeaux. La viande se vendant à vil prix et le commerce extérieur étant prohibé, ils n'eurent plus qu'à se ruiner ou à abandonner complétement l'éducation du bétail. L'extinction en fut rapide. L'historien que je cite déplore pour Majorque le temps où les Arabes la possédaient, et où la seule montagne d'Arta comptait plus de têtes de vaches fécondes et de nobles taureaux qu'on n'en pourrait rassembler aujourd'hui, dit-il, dans toute la plaine de Majorque.

Cette dilapidation ne fut pas la seule qui priva le pays de ses richesses naturelles. Le même écrivain rapporte que les montagnes, et particulièrement celles de Torella et de Galatzo, possédaient de son temps les plus beaux arbres du monde. Certain olivier avait quarante-deux pieds de tour et quatorze de diamètre; mais ces bois magnifiques furent dévastés par les charpentiers de marine, qui, lors de l'expédition espagnole contre Alger, en tirèrent toute une flottille de chaloupes canonnières. Les vexations auxquelles les propriétaires de ces bois furent soumis alors, et la mesquinerie des dédommagements qui leur furent donnés, engagèrent les Majorquins à détruire leurs bois, au lieu de les augmenter. Aujourd'hui la végétation est encore si abondante et si belle que le voyageur ne songe point à regretter le passé; mais aujourd'hui comme alors, et à Majorque comme dans toute l'Espagne, l'*abus* est encore le premier de tous les pouvoirs. Cependant le voyageur n'entend jamais une plainte, parce qu'au commencement d'un régime injuste le faible se tait par crainte, et que, quand le mal est fait, il se tait encore par habitude.

Quoique la tyrannie des *assentistes* ait disparu, et que le bétail ne s'est point relevé de sa ruine, et il ne s'en relèvera pas, tant que le droit d'exportation sera limité au commerce des pourceaux. On voit fort peu de bœufs et de vaches dans la plaine, aucunement dans la montagne. La viande est maigre et coriace. Les brebis sont de belle race, mais mal nourries et mal soignées; les chèvres, qui sont de race africaine, ne donnent pas la dixième partie du lait que donnent les nôtres.

L'engrais manque aux terres, et, malgré tous les éloges que les Majorquins donnent à leur manière de les cultiver, je crois que l'algue qu'ils emploient est un très-maigre fumier, et que ces terres sont loin de rapporter ce qu'elles devraient produire sous un ciel aussi généreux. J'ai regardé attentivement ce blé si précieux que les habitants ne se croient pas dignes de manger : c'est absolument le même que nous cultivons dans nos provinces centrales, et que nos paysans appellent blé blanc ou blé d'Espagne; il est chez nous tout aussi beau, malgré la différence du climat. Celui de Majorque devrait avoir pourtant une supériorité marquée sur celui que nous disputons à nos hivers si rudes et à nos printemps si variables. Et pourtant notre agriculture est fort barbare aussi, et, sous ce rapport, nous avons tout à apprendre; mais le cultivateur français a une persévérance et une énergie que le Majorquin mépriserait comme une agitation désordonnée.

La figue, l'olive, l'amande et l'orange viennent en abondance à Majorque; cependant, faute de chemins dans l'intérieur de l'île, ce commerce est loin d'avoir l'extension et l'activité nécessaires. Cinq cents oranges se vendent sur place environ 3 francs; mais, pour faire transporter à dos de mulet cette charge volumineuse du centre à la côte, il faut dépenser presque autant que la valeur première. Cette considération fait négliger la culture de l'oranger dans l'intérieur du pays. Ce n'est que dans la vallée de Soller et dans le voisinage des criques, où nos petits bâtiments viennent charger, que ces arbres croissent en abondance. Pourtant ils réussiraient partout, et dans notre montagne de Valdemosa, une des plus froides régions de l'île, nous avions des citrons et des oranges magnifiques, quoique plus tardives que celles de Soller. A la Granja, dans une autre région montagneuse, nous avons cueilli des limons gros comme la tête. Il me semble qu'à elle seule l'île de Majorque pourrait entretenir de ces fruits exquis toute la France, au même prix que les détestables oranges que nous tirons d'Hyères et de la côte de Gênes. Ce commerce, tant vanté à Majorque, est donc, comme le reste, entravé par une négligence superbe.

On peut en dire autant du produit immense des oliviers, qui sont certainement les plus beaux qu'il y ait au monde, et que les Majorquins, grâce aux traditions arabes, savent cultiver parfaitement. Malheureusement ils ne savent en tirer qu'une huile rance et nauséeuse qui nous ferait horreur, et qu'ils ne pourront jamais exporter abondamment qu'en Espagne, où le goût de cette huile infecte règne également. Mais l'Espagne elle-même est très-riche en oliviers, et si Majorque lui fournit de l'huile, ce doit être à fort bas prix.

Nous faisons une immense consommation d'huile d'olive en France, et nous l'avons fort mauvaise à un prix exorbitant. Si notre fabrication était connue à Majorque et si Majorque avait des chemins, enfin si la navigation commerciale était réellement organisée dans cette direction, nous aurions l'huile d'olive beaucoup au-dessous de ce que nous la payons, et nous l'aurions pure et abondante, quelle que fût la rigueur de l'hiver. Je sais bien que les industriels qui cultivent l'olivier de paix en France préfèrent de beaucoup vendre au poids de l'or quelques tonnes de ce précieux liquide, que nos épiciers noient dans des foudres d'huile d'œillet et de colza pour nous l'offrir au *prix coûtant*; mais il serait étrange qu'on s'obstinât à disputer cette denrée à la rigueur du climat, si, à vingt-quatre heures de chemin, nous pouvions nous la procurer meilleure à bon marché.

Que nos *assentistes* français ne s'effraient pourtant pas trop : nous promettrions au Majorquin, et, je crois, à l'Espagnol en général, de nous approvisionner chez eux et de décupler leur richesse, qu'ils ne changeraient rien à leur coutume. Ils méprisent si profondément l'amélioration qui vient de l'étranger, et surtout de la France, que je ne sais si pour de l'argent (cet argent que cependant ils ne méprisent pas en général) ils se résoudraient à changer quelque chose au procédé qu'ils tiennent de leurs pères [1].

III.

Ne sachant ni engraisser les bœufs, ni utiliser la laine, ni traire les vaches (le Majorquin déteste le lait et le beurre autant qu'il méprise l'industrie); ne sachant pas faire pousser assez de froment pour oser en manger; ne daignant guère cultiver le mûrier et recueillir la soie; ayant perdu l'art de la menuiserie autrefois très-florissant chez lui et aujourd'hui complètement oublié; n'ayant pas de chevaux (l'Espagne s'empare maternellement de tous les poulains de Majorque pour ses armées, d'où il résulte que le pacifique Majorquin n'est pas si sot que de travailler pour alimenter la cavalerie du royaume); ne jugeant pas nécessaire d'avoir une seule route, un seul sentier praticable dans toute son île, puisque le droit d'exportation est livré au caprice d'un gouvernement qui n'a pas le temps de s'occuper de si peu de chose, le Majorquin végétait et n'avait plus rien à faire qu'à dire son

---

[1] Cette huile est si infecte qu'on peut dire que dans l'île de Majorque, maisons, habitants, voitures, et jusqu'à l'air des champs, tout est imprégné de sa puanteur. Comme elle entre dans la composition de tous les mets, chaque maison la voit fumer deux ou trois fois par jour, et les murailles en sont imbibées. En pleine campagne, si vous êtes égaré, vous n'avez qu'à ouvrir les narines; et, si une odeur d'huile rance arrive sur les ailes de la brise, vous pouvez être sûr que derrière le rocher ou sous le massif de cactus vous saisirez une habitation. Si le lieu le plus sauvage et le plus désert cette odeur vous poursuit, levez la tête; vous verrez à cent pas de vous un Majorquin sur son âne descendre la colline et se diriger vers vous. Ceci n'est ni une plaisanterie ni une hyperbole; c'est l'exacte vérité.

chapelet et rapiécer ses chausses, plus malades que celles de don Quichotte, son patron en misère et en fierté, lorsque le cochon est venu tout sauver. L'exportation de ce quadrupède a été permise, et l'ère nouvelle, l'ère du salut, a commencé.

Les Majorquins nommeront ce siècle, dans les siècles futurs, l'âge du cochon, comme les musulmans comptent dans leur histoire l'âge de l'éléphant.

Maintenant l'olive et la caroube ne jonchent plus le sol, la figue du cactus ne sert plus de jouet aux enfants, et les mères de famille apprennent à économiser la fève et la patate. Le cochon ne permet plus de rien gaspiller, car le cochon ne laisse rien perdre; et il est le plus bel exemple de voracité généreuse, jointe à la simplicité des goûts et des mœurs, qu'on puisse offrir aux nations. Aussi jouit-il à Majorque des droits et des prérogatives qu'on n'avait point songé jusque là à offrir aux hommes. Les habitations ont été élargies, aérées; les fuits qui pourrissaient sur la terre ont été ramassés, triés et conservés, et la navigation à la vapeur, qu'on avait jugée superflue et déraisonnable, a été établie de l'île au continent.

C'est donc grâce au cochon que j'ai visité l'île de Majorque; car si j'avais eu la pensée d'y aller il y a trois ans, le voyage, long et périlleux sur les caboteurs, m'y eût fait renoncer. Mais, à dater de l'exportation du cochon, la civilisation a commencé à pénétrer.

On a acheté en Angleterre un joli petit *steamer*, qui n'est point de taille à lutter contre les vents du nord, si terribles dans ces parages; mais qui, lorsque le temps est serein, transporte une fois par semaine deux cents cochons et quelques passagers par-dessus le marché, à Barcelone.

Il est beau de voir avec quels égards et quelle tendresse ces messieurs (je ne parle point des passagers) sont traités à bord, et avec quel amour on les dépose à terre. Le capitaine du steamer est un fort aimable homme, qui, à force de vivre et de causer avec ces nobles bêtes, a pris tout à fait leur cri et même un peu de leur désinvolture. Si un passager se plaint du bruit qu'ils font, le capitaine répond que c'est le son de l'or monnayé roulant sur le comptoir. Si quelque femme est assez bégueule pour remarquer l'infection répandue dans le navire, son mari est là pour lui répondre que l'argent ne sent point mauvais, et que sans le cochon il n'y aurait pour elle ni robe de soie,, ni chapeau de France, ni mantille de Barcelone. Si quelqu'un a le mal de mer, qu'il n'essaie pas de réclamer le moindre soin des gens de l'équipage; car les cochons aussi ont le mal de mer, et cette indisposition est chez eux accompagnée d'une langueur spleenétique et d'un dégoût de la vie qu'il faut combattre à tout prix. Alors, abjurant toute compassion et toute sympathie pour conserver l'existence à ses chers clients, le capitaine en personne, armé d'un fouet, se précipite au milieu d'eux, et derrière lui les matelots et les mousses, chacun saisissant ce qui lui tombe sous la main, qui une barre de fer, qui un bout de corde, en un instant toute la bande muette et couchée sur le flanc est fustigée d'une façon paternelle, obligée de se lever, de s'agiter, et de combattre par cette émotion violente l'influence funeste du roulis.

Lorsque nous revînmes de Majorque à Barcelone, au mois de mars, il faisait une chaleur étouffante; cependant il ne nous fut point possible de mettre le pied sur le pont. Quand même nous eussions bravé le danger d'avoir les jambes avalées par quelque pourceau de mauvaise humeur, le capitaine ne nous eût point permis, sans doute, de les contrarier par notre présence. Ils se tinrent fort tranquilles pendant les premières heures; mais, au milieu de la nuit, le pilote remarqua qu'ils avaient un sommeil bien morne, et qu'ils semblaient en proie à une noire mélancolie. Alors on leur administra le fouet, et régulièrement, à chaque quart d'heure, nous fûmes réveillés par des cris et des clameurs si épouvantables, d'une part la douleur et la rage des cochons fustigés, de l'autre les encouragements du capitaine à ses gens et les jurements que l'émulation inspirait à ceux-ci, que plusieurs fois nous crûmes que le troupeau dévorait l'équipage.

Quand nous eûmes jeté l'ancre, nous aspirions certainement à nous séparer d'une société aussi étrange, et j'avoue que celle des insulaires commençait à me peser presque autant que l'autre; mais il ne nous fut permis de prendre l'air qu'après le débarquement des cochons. Nous eussions pu mourir asphyxiés dans nos chambres que personne ne s'en fût soucié, tant qu'il y avait un cochon à mettre à terre et à délivrer du roulis.

Je ne crains point la mer, mais quelqu'un de ma famille était dangereusement malade. La traversée, la mauvaise odeur et l'absence de sommeil n'avaient pas contribué à diminuer ses souffrances. Le capitaine n'avait eu d'autre attention pour nous que de nous prier de ne pas faire coucher notre malade dans le meilleur lit de la cabine, parce que, selon le préjugé espagnol, toute maladie est contagieuse; et comme notre homme pensait déjà à faire brûler la couchette où reposait le malade, il désirait que ce fût la plus mauvaise. Nous le renvoyâmes à ses cochons; et, quinze jours après, lorsque nous revenions en France sur *le Phénicien*, un magnifique bateau à vapeur de notre nation, nous comparions le dévouement du Français à l'hospitalité de l'Espagnol. Le capitaine d'*el Mallorquin* avait disputé un lit à un mourant; le capitaine marseillais, ne trouvant pas notre malade assez bien couché, avait ôté les matelas de son propre lit pour les lui donner... Quand je voulus solder notre passage, le Français me fit observer que je lui donnais trop; le Majorquin m'avait fait payer double.

D'où je ne conclus pas que l'homme soit exclusivement bon sur un coin de ce *globe terraqué*, ni exclusivement mauvais sur un autre coin. Le mal moral n'est, dans l'humanité, que le résultat du mal matériel. La souffrance engendre la peur, la méfiance, la fraude, la lutte dans tous les sens. L'Espagnol est ignorant et superstitieux; par conséquent il croit à la contagion, il craint la maladie et la mort, il manque de foi et de charité. — Il est misérable et pressuré par l'impôt; par conséquent il est avide, égoïste, fourbe avec l'étranger. Dans l'histoire, nous voyons que là où il a pu être grand, il a montré que la grandeur était en lui; mais il est homme, et, dans la vie privée, là où l'homme doit succomber, il succombe.

J'ai besoin de poser ceci en principe avant de parler des hommes tels qu'ils me sont apparus à Majorque; car aussi bien j'espère qu'on me tient quitte de parler davantage des olives, des vaches et des pourceaux. La longueur même de ce dernier article vient d'être de trop bon goût. J'en demande pardon à ceux qui pourraient s'en trouver personnellement blessés, et je prends maintenant mon récit au sérieux; car je croyais n'avoir rien à faire ici, qu'à suivre M. Laurens pas à pas dans son *Voyage d'art*, et je vois que beaucoup de réflexions viendront m'assaillir en repassant par la mémoire dans les âpres sentiers de Majorque.

IV.

Mais, puisque vous n'entendez rien à la peinture, me dira-t-on, *que diable alliez-vous faire sur cette maudite galère?* — Je voudrais bien entretenir le lecteur le moins possible de moi et des miens; cependant je serai forcé de dire souvent, en parlant de ce que j'ai vu à Majorque, *moi et nous;* moi et nous, c'est la *subjectivité* fortuite sans laquelle l'*objectivité* majorquine ne se fût point révélée sous de certains aspects, sérieusement utiles peut-être à révéler maintenant au lecteur. Je prie donc ce dernier de regarder ici ma personnalité comme une chose toute passive, comme une lunette d'approche à travers laquelle il pourra regarder ce qui se passe en ces pays lointains desquels on dit volontiers avec le proverbe: *J'aime mieux croire que* d'y aller voir. Je le supplie en outre d'être bien persuadé que je n'ai pas la prétention de l'intéresser aux accidents qui me concernent. J'ai un but quelque peu philosophique en le retraçant ici; et quand j'aurai formulé ma pensée à cet égard, on me rendra la justice de reconnaître qu'il n'y entre pas la moindre préoccupation de moi-même.

Je dirai donc sans façon à mon lecteur pourquoi j'allai dans cette galère, et le voici en deux mots : c'est que j'avais envie de voyager. — Et, à mon tour, je ferai une question à mon lecteur : Lorsque vous voyagez, cher lecteur, pourquoi voyagez-vous ? — Je vous entends d'ici me répondre ce que je répondrais à votre place : Je voyage pour voyager. — Je sais bien que le voyage est un plaisir par lui-même; mais, enfin, qui vous pousse à ce plaisir dispendieux, fatigant, périlleux parfois, et toujours semé de déceptions sans nombre ? — Le besoin de voyager. — Eh bien ! dites-moi donc ce que c'est que ce besoin-là, pourquoi nous en sommes tous plus ou moins obsédés, et pourquoi nous y cédons tous, même après avoir reconnu mainte et mainte fois que lui-même monte en croupe derrière nous pour ne nous point lâcher, et ne se contenter de rien ?

Si vous ne voulez pas me répondre, moi, j'aurai la franchise de le faire à votre place. C'est que nous ne sommes réellement bien nulle part en ce temps-ci, et que de toutes les faces que prend l'idéal (ou, si ce mot vous ennuie, le sentiment du mieux), le voyage est une des plus souriantes et des plus trompeuses. Tout va mal dans le monde officiel; ceux qui le nient le sentent aussi profondément et plus amèrement que ceux qui l'affirment. Cependant, la divine espérance va toujours son train, poursuivant son œuvre dans nos pauvres cœurs, et nous soufflant toujours ce sentiment du mieux, cette recherche de l'idéal.

L'ordre social, n'ayant pas même les sympathies de ceux qui le défendent, ne satisfait aucun de nous, et chacun va de son côté où il lui plaît. Celui-ci se jette dans l'art, celui-là dans la science, le plus grand nombre s'étourdit comme il peut. Tels, quand nous avons un peu de loisir et d'argent, nous voyageons, ou plutôt nous fuyons, car il ne s'agit pas tant de voyager que de partir, entendez-vous ? Quel est celui de nous qui n'a pas quelque douleur à distraire ou quelque joug à secouer ? Aucun.

Quiconque n'est pas absorbé par le travail ou engourdi par la paresse est incapable, je le soutiens, de rester longtemps à la même place sans souffrir et sans désirer le changement. Si quelqu'un est heureux (il faut être très-grand ou très-lâche pour cela aujourd'hui), il s'imagine ajouter quelque chose à son bonheur en voyageant; les amants, les nouveaux époux partent pour la Suisse et l'Italie tout comme les oisifs et les hypocondriaques. En un mot, quiconque ne sent vivre ou dépérir est possédé de la fièvre du juif errant, et s'en va chercher bien vite au loin quelque nid pour aimer ou quelque gîte pour mourir.

A Dieu ne plaise que je déclame contre le mouvement des populations, et que je me représente dans l'avenir les hommes attachés au pays, à la terre, à la maison, comme les polypes à l'éponge ! mais si l'intelligence et la moralité doivent progresser simultanément avec l'industrie, il me semble que les chemins de fer ne sont pas destinés à promener d'un point du globe à l'autre des populations attaquées de spleen ou dévorées d'une activité maladive.

Je veux me figurer l'espèce humaine plus heureuse, par conséquent plus calme et plus éclairée, ayant deux vies : l'une, sédentaire, pour le bonheur domestique, les devoirs de la cité, les méditations studieuses, le recueillement philosophique; l'autre, active, pour l'échange loyal qui remplacerait le honteux trafic que nous appelons le commerce, pour les inspirations de l'art, les recherches scientifiques et surtout la propagation des idées. Il me semble, en un mot, que le but normal des voyages est le besoin de contact, de relation et d'échange sympathique avec les hommes, et qu'il ne devrait pas y avoir plaisir là où il n'y aurait pas devoir. Et il me semble qu'au contraire, la plupart d'entre nous, aujourd'hui, voyagent en vue du mystère, de l'isolement, et par une sorte d'ombrage que la société de nos semblables porte à nos impressions personnelles, soit douces, soit pénibles.

Quant à moi, je me mis en route pour satisfaire un besoin de repos que j'éprouvais à cette époque-là particulièrement. Comme le temps manque pour toutes choses dans ce monde que nous nous sommes fait, je m'imaginai encore une fois qu'en cherchant bien, je trouverais quelque retraite silencieuse, isolée, où je n'aurais ni billets à écrire, ni journaux à parcourir, ni visites à recevoir; où je pourrais ne jamais quitter ma robe de chambre, où les jours auraient douze heures, où je pourrais m'affranchir de tous les devoirs du savoir-vivre, me détacher du mouvement d'esprit qui nous travaille tous en France, et consacrer un ou deux ans à étudier un peu l'histoire et à apprendre ma langue *par principes* avec mes enfants.

Quel est celui de nous qui n'a pas fait ce rêve égoïste de planter là un beau matin ses affaires, ses habitudes, ses connaissances et jusqu'à ses amis, pour aller dans quelque île enchantée vivre sans soucis, sans tracasseries, sans obligations, et surtout sans journaux ?

On peut dire sérieusement que le journalisme, cette première et cette dernière des choses, comme eût dit Ésope, a créé aux hommes une vie toute nouvelle, pleine de progrès, d'avantages et de soucis. Cette voix de l'humanité qui vient chaque matin à notre réveil nous raconter comment l'humanité a vécu la veille, proclamant tantôt de grandes vérités, tantôt d'effroyables mensonges, mais toujours marquant chacun des pas de l'être humain, et sonnant toutes les heures de la vie collective, n'est-ce pas quelque chose de bien grand, malgré toutes les taches et les misères qui s'y trouvent ?

Mais en même temps que cela est nécessaire à l'ensemble de nos pensées et de nos actions, n'est-ce pas bien affreux et bien repoussant à voir dans le détail, lorsque la lutte est partout, et que des semaines, des mois s'écoulent dans l'injure et la menace, sans avoir éclairé une seule question, sans avoir marqué un progrès sensible ? Et dans cette attente qui paraît d'autant plus longue qu'on nous en signale toutes les phases minutieusement, ne nous prend-il pas souvent envie, à nous autres artistes qui n'avons point d'action au gouvernail, de nous endormir dans les flancs du navire, et de ne nous éveiller qu'au bout de quelques années pour saluer alors la terre nouvelle en vue de laquelle nous nous trouverons portés ?

Oui, en vérité, si cela pouvait être, si nous pouvions nous abstenir de la vie collective, et nous isoler de tout contact avec la politique pendant quelque temps, nous serions frappés, en y rentrant, du progrès accompli hors de nos regards. Mais cela ne nous est pas donné; et, quand nous fuyons le foyer d'action pour chercher l'oubli et le repos chez quelque peuple à la marche plus lente et à l'esprit moins ardent que nous, nous souffrons là des maux que nous n'avions pu prévoir, et nous nous repentons d'avoir quitté le présent pour le passé, les vivants pour les morts.

Voilà tout simplement quel sera le texte de mon récit, et pourquoi je prends la peine de l'écrire, bien qu'il ne me soit point agréable de le faire, et que je me fusse promis, en commençant, de me garder le plus possible des impressions personnelles; mais il me semble à présent que cette paresse serait une lâcheté, et je me rétracte.

V

Nous arrivâmes à Palma au mois de novembre 1838, par une chaleur comparable à celle de notre mois de juin. Nous avions quitté Paris quinze jours auparavant, par un temps extrêmement froid; ce nous fut un grand

Son-Vent.

plaisir, après avoir senti les premières atteintes de l'hiver, de laisser l'ennemi derrière nous. A ce plaisir se joignit celui de parcourir une ville très-caractérisée, et qui possède plusieurs monuments de premier ordre comme beauté ou comme rareté.

Mais la difficulté de nous établir vint nous préoccuper bientôt, et nous vîmes que les Espagnols qui nous avaient recommandé Majorque comme le pays le plus hospitalier et le plus fécond en ressources s'étaient fait grandement illusion, ainsi que nous. Dans une contrée aussi voisine des grandes civilisations de l'Europe, nous ne nous attendions guère à ne pas trouver une seule auberge. Cette absence de pied-à-terre pour les voyageurs eût dû nous apprendre, en un seul fait, ce qu'était Majorque par rapport au reste du monde, et nous engager à retourner sur-le-champ à Barcelone, où du moins il y a une méchante auberge appelée emphatiquement l'*hôtel des Quatre-Nations*.

A Palma, il faut être recommandé et annoncé à vingt personnes des plus marquantes, et attendu depuis plusieurs mois, pour espérer de ne pas coucher en plein champ. Tout ce qu'il fut possible de faire pour nous, ce fut de nous assurer deux petites chambres garnies, ou plutôt dégarnies, dans une espèce de mauvais lieu, où les étrangers sont bien heureux de trouver chacun un lit de sangle avec un matelas douillet et rebondi comme une ardoise, une chaise de paille, et, en fait d'aliments, du poivre et de l'ail à discrétion.

En moins d'une heure, nous pûmes nous convaincre que, si nous n'étions pas enchantés de cette réception, nous serions vus de mauvais œil, comme des impertinents et des brouillons, ou tout au moins regardés en pitié comme des fous. Malheur à qui n'est pas content de tout en Espagne! La plus légère grimace que vous feriez en trouvant de la vermine dans les lits et des scorpions dans la soupe vous attirerait le mépris le plus profond et soulèverait l'indignation universelle contre vous. Nous nous gardâmes donc bien de nous plaindre, et peu à peu nous comprîmes à quoi tenaient ce manque de ressources et ce manque apparent d'hospitalité.

Outre le peu d'activité et d'énergie des Majorquins, la guerre civile, qui bouleversait l'Espagne depuis si longtemps, avait intercepté, à cette époque, tout mouvement entre la population de l'île et celle du continent.

Palma.

Majorque était devenue le refuge d'autant d'Espagnols qu'il y en pouvait tenir, et les indigènes, retranchés dans leurs foyers, se gardaient bien d'en sortir pour aller chercher des aventures et des coups dans la mère **patrie**.

A ces causes il faut joindre l'absence totale d'industrie et les douanes, qui frappent tous les objets nécessaires au bien-être[1] d'un impôt démesuré. Palma est arrangée pour un certain nombre d'habitants ; à mesure que la population augmente, on se serre un peu plus, et on ne bâtit guère. Dans ces habitations, rien ne se renouvelle. Excepté peut-être chez deux ou trois familles, le mobilier n'a guère changé depuis deux cents ans. On ne connaît ni l'empire de la mode, ni le besoin du luxe, ni celui des aises de la vie. Il y a apathie d'une part, difficulté de l'autre ; on reste ainsi. On a le strict nécessaire, mais on n'a rien de trop. Aussi toute l'hospitalité se passe en paroles.

Il y a une phrase consacrée à Majorque, comme dans toute l'Espagne, pour se dispenser de rien prêter ; elle consiste à tout offrir : *La maison et tout ce qu'elle contient est à votre disposition.* Vous ne pouvez pas regarder un tableau, toucher une étoffe, soulever une chaise, sans qu'on vous dise avec une grâce parfaite : *Es a la disposicion de uste.* Mais gardez-vous bien d'accepter, fût-ce une épingle, car ce serait une indiscrétion grossière.

Je commis une impertinence de ce genre dès mon arrivée à Palma, et je crois bien que je ne m'en relèverai jamais dans l'esprit du marquis de ***. J'avais été très-recommandé à ce jeune *lion* palmesan, et je crus pouvoir accepter sa voiture pour faire une promenade. Elle m'était offerte d'une manière si aimable ! Mais le lendemain un billet de lui me fit bien sentir que j'avais man-

---

[1]. Pour un piano que nous fîmes venir de France, on exigeait de nous 700 francs de droits d'entrée ; c'était presque la valeur de l'instrument. Nous voulûmes le renvoyer, cela n'est point permis ; le laisser dans le port jusqu'à nouvel ordre, cela est défendu ; le faire passer hors de la ville (nous étions à la campagne), afin d'éviter au moins les droits de la porte, qui sont distincts des droits de douane, cela était contraire aux lois ; le laisser dans la ville, afin d'éviter les droits de sortie, qui sont autres que les droits d'entrée, cela ne se pouvait pas ; le jeter à la mer, c'est tout au plus si nous en avions le droit.

Après quinze jours de négociations, nous obtînmes qu'au lieu de sortir de la ville par une certaine porte, il sortirait par une autre, et nous en fûmes quittes pour 400 francs environ.

qué à toutes les convenances, et je me hâtai de renvoyer l'équipage sans m'en être servi.

J'ai pourtant trouvé des exceptions à cette règle, mais c'est de la part de personnes qui avaient voyagé, et qui, sachant bien le monde, étaient véritablement de tous les pays. Si d'autres étaient portées à l'obligeance et à la franchise par la bonté de leur cœur, aucune (il est bien nécessaire de le dire pour constater la gêne que la douane et le manque d'industrie ont apportée dans ce pays si riche), aucune n'eût pu nous céder un coin de sa maison sans s'imposer de tels embarras et de telles privations, que nous eussions été véritablement indiscrets de l'accepter.

Ces impossibilités de leur part, nous fûmes bien à même de les reconnaître lorsque nous cherchâmes à nous installer. Il était impossible de trouver dans toute la ville un seul appartement qui fût habitable.

Un appartement à Palma se compose de quatre murs absolument nus, sans portes ni fenêtres. Dans la plupart des maisons bourgeoises, on ne se sert pas de vitres ; et lorsqu'on veut se procurer cette douceur, bien nécessaire en hiver, il faut faire faire les châssis. Chaque locataire, en se déplaçant (et l'on ne se déplace guère), emporte donc les fenêtres, les serrures, et jusqu'aux gonds des portes. Son successeur est obligé de commencer par les remplacer, à moins qu'il n'ait le goût de vivre en plein vent, et c'est un goût fort répandu à Palma.

Or, il faut au moins six mois pour faire faire non-seulement les portes et fenêtres, mais les lits, les tables, les chaises, tout enfin, si simple et si primitif que soit l'ameublement. Il y a fort peu d'ouvriers ; ils ne vont pas vite, ils manquent d'outils et de matériaux. Il y a toujours quelque raison pour que le Majorquin ne se presse pas. La vie est si longue ! Il faut être Français, c'est-à-dire extravagant et forcené, pour vouloir qu'une chose soit faite tout de suite. Et si vous avez attendu déjà six mois, pourquoi n'attendriez-vous pas, six mois de plus ? Et si vous n'êtes pas content du pays, pourquoi y restez-vous ? Avait-on besoin de vous ici ? On s'en passait fort bien. Vous croyez donc que vous allez mettre tout sens dessus dessous ? Oh ! que non pas ! Nous autres, voyez-vous, nous laissons dire, et nous faisons à notre guise. — Mais n'y a-t-il donc rien à louer ? — Louer ? qu'est-ce que cela ? louer des meubles ? Est-ce qu'il y en a de trop pour qu'on en loue ? — Mais il n'y en a donc pas à vendre ? — Vendre ? il faudrait qu'il y en eût de tout faits. Est-ce qu'on a du temps de reste pour faire des meubles d'avance ? Si vous en voulez, faites-en venir de France, puisqu'il y a de tout dans ce pays là. — Mais pour faire venir de France, il faut attendre six mois tout au moins, et payer les droits. Or donc, quand on fait la sottise de venir ici, la seule manière de la réparer, c'est de s'en aller. — C'est ce que je vous conseille, ou bien prenez patience, beaucoup de patience ; *mucha calma*, c'est la sagesse majorquine.

Nous allions mettre ce conseil à profit, lorsqu'on nous rendit, à bonne intention certainement, le mauvais service de nous trouver une maison de campagne à louer.

C'était la villa d'un riche bourgeois qui pour un prix très-modéré, selon nous, mais assez élevé pour le pays (environ cent francs par mois), nous abandonna toute son habitation. Elle était meublée comme toutes les maisons de plaisance du pays. Toujours les lits de sangle ou de bois peint en vert, quelques-uns composés de deux tréteaux sur lesquels on pose deux planches et un mince matelas ; les chaises de paille ; les tables de bois brut ; les murailles nues bien blanchies à la chaux, et, par surcroît de luxe, des fenêtres vitrées dans presque toutes les chambres ; enfin, en guise de tableaux, dans la pièce qu'on appelait le salon, quatre horribles devants de cheminée, comme ceux qu'on voit dans nos plus misérables auberges de village, et que le senor Gomez, notre propriétaire, avait eu la naïveté de faire encadrer avec soin comme des estampes précieuses, pour en décorer les lambris de son manoir. Du reste, la maison était vaste, aérée (trop aérée), bien distribuée, et dans une très-riante situation, au pied de montagnes aux flancs arrondis et fertiles, au fond d'une vallée plantureuse que terminaient les murailles jaunes de Palma, la masse de sa cathédrale, et la mer étincelante à l'horizon.

Les premiers jours que nous passâmes dans cette retraite furent assez bien remplis par la promenade et la douce *flânerie* à laquelle nous conviaient un climat délicieux, une nature charmante et tout à fait neuve pour nous.

Je n'ai jamais été bien loin de mon pays, quoique j'aie passé une grande partie de ma vie sur les chemins. C'était donc la première fois que je voyais une végétation et des aspects de terrain essentiellement différents de ceux que présentent nos latitudes tempérées. Lorsque je vis l'Italie, je débarquai sur les plages de la Toscane, et l'idée grandiose que je m'étais faite de ces contrées m'empêcha d'en goûter la beauté pastorale et la grâce riante. Aux bords de l'Arno, je me croyais sur les rives de l'Indre, et j'allai jusqu'à Venise sans m'étonner ni m'émouvoir de rien. Mais à Majorque il n'y avait pour moi aucune comparaison à faire avec des sites connus. Les hommes, les maisons, les plantes, et jusqu'aux moindres cailloux du chemin, avaient un caractère à part. Mes enfants en étaient si frappés, qu'ils faisaient collection de tout, et prétendaient remplir nos malles de ces beaux pavés de quartz et de marbres veinés de toutes couleurs, dont les talus à *pierres sèches* bordent tous les enclos. Aussi les paysans, en nous voyant ramasser jusqu'aux branches mortes, nous prenaient les uns pour des apothicaires, les autres nous regardaient comme de francs idiots.

VI.

L'île doit la grande variété de ses aspects au mouvement perpétuel que présente un sol labouré et tourmenté par des cataclysmes postérieurs à ceux du monde primitif. La partie que nous habitions alors, nommée *Establiments*, renfermait, dans un horizon de quelques lieues, des sites fort divers.

Autour de nous, toute la culture, inclinée sur des tertres fertiles, était disposée en larges gradins irrégulièrement jetés autour de ces monticules. Cette culture en terrasse, adoptée dans toutes les parties de l'île que les pluies et les crues subites des ruisseaux menacent continuellement, est très-favorable aux arbres, et donne à la campagne l'aspect d'un verger admirablement soigné.

A notre droite, les collines s'élevaient progressivement depuis le pâturage en pente douce jusqu'à la montagne couverte de sapins. Au pied de ces montagnes coule, en hiver et dans les orages de l'été, un torrent qui ne présentait encore à notre arrivée qu'un lit de cailloux en désordre. Mais les belles mousses qui couvraient ces pierres, les petits ponts verdis par l'humidité, fendus par la violence des courants, et à demi cachés dans les branches pendantes des saules et des peupliers, l'entrelacement de ces beaux arbres sveltes et touffus qui se penchaient pour faire un berceau de verdure d'une rive à l'autre, un mince filet d'eau qui courait sans bruit parmi les joncs et les myrtes, et toujours quelque groupe d'enfants, de femmes et de chèvres accroupis dans les encaissements mystérieux, faisaient de ce site quelque chose d'admirable pour la peinture. Nous allions tous les jours nous promener dans le lit du torrent, et nous appelions ce coin de paysage *le Poussin*, parce que cette nature libre, élégante et fière dans sa mélancolie, nous rappelait les sites que ce grand maître semble avoir chéris particulièrement.

A quelques centaines de pas de notre ermitage, le torrent se divisait en plusieurs ramifications, et son cours semblait se perdre dans la plaine. Les oliviers et les caroubiers pressaient leurs rameaux au-dessus de la terre labourée, et donnaient à cette région cultivée l'aspect d'une forêt.

Sur les nombreux mamelons qui bordaient cette partie boisée s'élevaient des chaumières d'un grand style, quoique d'une dimension réellement lilliputienne. On ne se figure pas combien de granges, de hangars, d'étables, de cours et de jardins, un *payés* (paysan propriétaire) accumule dans un arpent de terrain, et quel goût inné préside à son insu à cette disposition capricieuse. La maisonnette est ordinairement composée de deux étages avec un toit plat dont le rebord avancé ombrage une galerie percée à jour, comme une rangée de créneaux que surmonterait un toit florentin. Ce couronnement symétrique donne une apparence de splendeur et de force aux constructions les plus frêles et les plus pauvres, et les énormes grappes de maïs qui sèchent à l'air, suspendues entre chaque ouverture de la galerie, forment un lourd feston alterné de rouge et de jaune d'ambre, dont l'effet est incroyablement riche et coquet. Autour de cette maisonnette s'élève ordinairement une forte haie de cactus ou nopals, dont les raquettes bizarres s'entrelacent en muraille et protégent contre les vents du froid les frêles abris d'algues et de roseaux qui servent à serrer les brebis. Comme ces paysans ne se volent jamais entre eux, ils n'ont pour fermer leurs propriétés qu'une barrière de ce genre. Des massifs d'amandiers et d'orangers entourent le jardin, où l'on ne cultive guère d'autre légume que le piment et la pomme d'amour; mais tout cela est d'une couleur magnifique, et souvent, pour couronner le joli tableau que forme cette habitation, un seul palmier déploie au milieu son gracieux parasol, ou se penche sur le côté avec grâce, comme une belle aigrette.

Cette région est une des plus florissantes de l'île, et les motifs qu'en donne M. Grasset de Saint-Sauveur dans son Voyage aux îles Baléares confirment ce que j'ai dit précédemment de l'insuffisance de la culture en général à Majorque. Les remarques que ce fonctionnaire impérial faisait, en 1807, sur l'apathie et l'ignorance des *payés* majorquins le conduisirent à en rechercher les causes. Il en trouva deux principales.

La première, c'est la grande quantité de couvents, qui absorbait une partie de la population déjà si restreinte. Cet inconvénient a disparu, grâce au décret énergique de M. Mendizabal, que les dévots de Majorque ne lui pardonneront jamais.

La seconde est l'esprit de domesticité qui règne chez eux, et que les parque par douzaines au service des riches et des nobles. Cet abus subsiste encore dans toute sa vigueur. Tout aristocrate majorquin a une suite nombreuse que son revenu suffit à peine à entretenir, quoiqu'elle ne lui procure aucun bien-être; il est impossible d'être plus mal servi qu'on ne l'est par cette espèce de serviteurs honoraires. Quand on se demande à quoi un riche majorquin peut dépenser son revenu dans un pays où il n'y a ni luxe ni tentations d'aucun genre, on ne se l'explique qu'en voyant sa maison pleine de sales fainéants des deux sexes, qui occupent une portion des bâtiments réservée à cet usage, et qui, dès qu'ils ont passé une année au service du maître, ont droit pour toute leur vie au logement, à l'habillement et à la nourriture. Ceux qui veulent se dispenser du service le peuvent en renonçant à quelques bénéfices; mais l'usage les autorise encore à venir chaque matin manger le chocolat avec leurs anciens confrères, et à prendre part, comme Sancho chez Gamache, à toutes les bombances de la maison.

Au premier abord, ces mœurs semblent patriarcales, et on est tenté d'admirer le sentiment républicain qui préside à ces rapports de maître à valet; mais on s'aperçoit bientôt que c'est un républicanisme à la manière de l'ancienne Rome, et que les valets sont des clients enchaînés par la paresse ou la misère à la vanité de leurs patrons. C'est un luxe à Majorque d'avoir quinze domestiques pour un état de maison qui en comporterait deux tout au plus. Et quand on voit de vastes terrains en friche, l'industrie perdue, toute idée de progrès proscrite par l'ineptie et la nonchalance, on ne sait lequel mépriser le plus, du maître qui encourage et perpétue ainsi l'abaissement moral de ses semblables, ou de l'esclave qui préfère une oisiveté dégradante au travail qui lui ferait recouvrer une indépendance conforme à la dignité humaine.

Il est arrivé cependant qu'à force de voir augmenter le budget de leurs dépenses et diminuer celui de leurs revenus, de riches propriétaires majorquins se sont décidés à remédier à l'incurie de leurs tenanciers et à la disette des travailleurs. Ils ont vendu une partie de leurs terres en viager à des paysans, et M. Grasset de Saint-Sauveur s'est assuré que, dans toutes les grandes propriétés où l'on avait essayé de ce moyen, la terre, frappée en apparence de stérilité, avait produit en telle abondance entre les mains d'hommes intéressés à son amélioration, qu'en peu d'années les parties contractantes s'étaient trouvées soulagées de part et d'autre.

Les prédictions de M. Grasset à cet égard se sont réalisées tout à fait, et aujourd'hui la région d'Establiments, entre autres, est devenue un vaste jardin; la population y a augmenté, de nombreuses habitations se sont élevées sur les tertres, et les paysans y ont acquis une certaine aisance qui ne les a pas beaucoup éclairés encore, mais qui leur a donné plus d'aptitude au travail. Il faudra bien des années encore pour que le Majorquin soit actif et laborieux; et s'il faut que, comme nous, il traverse la douloureuse phase de l'âpreté au gain individuel pour arriver à comprendre que ce n'est pas encore là le but de l'humanité, nous pouvons bien lui laisser sa guitare et son rosaire pour tuer le temps. Mais sans doute de meilleures destinées que les nôtres sont réservées aux peuples enfants que nous initierons quelque jour à une civilisation véritable, sans leur reprocher tout ce que nous aurons fait pour eux. Ils ne sont pas assez grands pour braver les orages révolutionnaires que le sentiment de notre perfectibilité a soulevés sur nos têtes. Seuls, désavoués, raillés et combattus par le reste de la terre, nous avons fait des pas immenses, et le bruit de nos luttes gigantesques n'a pas éveillé de leur profond sommeil ces petites peuplades qui dorment à la portée de notre canon au sein de la Méditerranée. Un jour viendra où nous leur conférerons le baptême de la vraie liberté, et ils s'assiéront au banquet comme les ouvriers de la douzième heure. Trouvons le mot de notre destinée sociale, réalisons nos rêves sublimes; et tandis que les nations environnantes entreront peu à peu dans notre église révolutionnaire, ces malheureux insulaires, que leur faiblesse livre sans cesse comme une proie aux nations marâtres qui se les disputent, accourront à notre communion.

En attendant ce jour où, les premiers en Europe, nous proclamerons la loi de l'égalité pour tous les hommes et de l'indépendance pour tous les peuples, la loi du plus fort à la guerre ou du plus rusé au jeu de la diplomatie gouverne le monde; le droit des gens n'est qu'un mot, et le sort de toutes les populations isolées et restreintes,

<small>Comme le Transylvain, le Turc ou le Hongrois[1],</small>

est d'être dévorées par le vainqueur. S'il en devait être toujours ainsi, je ne souhaiterais à Majorque ni l'Espagne, ni l'Angleterre, ni même la France pour tutrice, et je m'intéresserais aussi peu à l'issue fortuite de son existence, qu'à la civilisation étrange que nous portons en Afrique.

VII.

Nous étions depuis trois semaines à Establiments lorsque les pluies commencèrent. Jusque-là nous avions eu un temps adorable; les citronniers et les myrtes étaient encore en fleurs, et, dans les premiers jours de décembre, je restai en plein air sur une terrasse jusqu'à cinq

---
[1]. La Fontaine, fable des *Voleurs et l'Ane*.

heures du matin, livré au bien-être d'une température délicieuse. On peut s'en rapporter à moi, car je ne connais personne au monde qui soit plus frileux, et l'enthousiasme de la belle nature n'est pas capable de me rendre insensible au moindre froid. D'ailleurs, malgré le charme du paysage éclairé par la lune et le parfum des fleurs qui montait jusqu'à moi, ma veillée n'était pas fort émouvante. J'étais là, non comme eût fait un poète cherchant l'inspiration, mais comme un oisif qui contemple et qui écoute. J'étais fort occupé, je m'en souviens, à recueillir les bruits de la nuit et à m'en rendre compte.

Il est bien certain, et chacun le sait, que chaque pays a ses harmonies, ses plaintes, ses cris, ses chuchotements mystérieux, et cette langue matérielle des choses n'est pas un des moindres signes caractéristiques dont le voyageur est frappé. Le clapotement mystérieux de l'eau sur les froides parois des marbres, le pas pesant et mesuré des sbires sur le quai, le cri aigu et presque enfantin des mulots, qui se poursuivent et se querellent sur les dalles limoneuses, enfin tous les bruits furtifs et singuliers qui troublent faiblement le morne silence des nuits de Venise, ne ressemblent en rien au bruit monotone de la mer, au *quien vive* des sentinelles et au chant mélancolique des *serenos* de Barcelone. Le lac Majeur a des harmonies différentes de celles du lac de Genève. Le perpétuel craquement des pommes de pin dans les forêts de la Suisse ne ressemble en rien non plus aux craquements qui se font entendre sur les glaciers.

A Majorque, le silence est plus profond que partout ailleurs. Les ânesses et les mules qui passent la nuit au pâturage l'interrompent parfois en secouant leurs clochettes, dont le son est moins grave et plus mélodique que celles des vaches suisses. Le boléro y résonne dans les lieux les plus déserts et dans les plus sombres nuits. Il n'est pas un paysan qui n'ait sa guitare et ne marche avec elle à toute heure. De ma terrasse, j'entendais aussi la mer, mais si lointaine et si faible que la poésie étrangement fantastique et saisissante des Djins me revenait en mémoire.

<pre>
    J'écoute,
    Tout fuit.
    On doute,
    La nuit,
    Tout passe ;
    L'espace
    Efface
    Le bruit.
</pre>

Dans la ferme voisine, j'entendais le vagissement d'un petit enfant, et j'entendais aussi la mère, qui, pour l'endormir, lui chantait un joli air du pays, bien monotone, bien triste, bien arabe. Mais d'autres voix moins poétiques vinrent me rappeler la partie grotesque de Majorque.

Les cochons s'éveillèrent et se plaignirent sur un mode que je ne saurais point définir. Alors le *pagès*, père de famille, s'éveilla à la voix de ses porcs chéris, comme la mère s'était éveillée aux pleurs de son nourrisson. Je l'entendis mettre la tête à la fenêtre et gourmander les hôtes de l'étable voisine d'une voix magistrale. Les cochons l'entendirent fort bien, car ils se turent. Puis le pagès, pour se rendormir apparemment, se mit à réciter son rosaire d'une voix lugubre, qui, à mesure que le sommeil venait et se dissipait, s'éteignait ou se ranimait comme le murmure lointain des vagues. De temps en temps encore les cochons laissaient échapper un cri sauvage ; le pagès élevait alors la voix sans interrompre sa prière, et les dociles animaux, calmés par un *Ora pro nobis* ou un *Ave Maria* prononcé d'une certaine façon, se taisaient aussitôt. Quant à l'enfant, il écoutait sans doute, les yeux ouverts, livré à l'espèce de stupeur où les bruits incompris plongent cette pensée naissante de l'homme au berceau, qui fait un si mystérieux travail sur elle-même avant de se manifester.

Mais tout à coup, après des nuits si sereines, le déluge commença. Un matin, après que le vent nous eut bercés toute la nuit de ses longs gémissements, tandis que la pluie battait nos vitres, nous entendîmes, à notre réveil, le bruit du torrent qui commençait à se frayer une route parmi les pierres de son lit. Le lendemain, il parlait plus haut ; le surlendemain, il roulait les roches qui gênaient sa course. Toutes les fleurs des arbres étaient tombées, et la pluie ruisselait dans nos chambres mal closes.

On ne comprend pas le peu de précautions que prennent les Majorquins contre ces fléaux du vent et de la pluie. Leur illusion ou leur fanfaronnade est si grande à cet égard, qu'ils nient absolument ces inclémences accidentelles, mais sérieuses, de leur climat. Jusqu'à la fin des deux mois de déluge que nous eûmes à essuyer, ils nous soutinrent qu'il ne pleuvait jamais à Majorque. Si nous avions mieux observé la position des pics de montagne et la direction habituelle des vents, nous nous serions convaincus d'avance des souffrances inévitables qui nous attendaient.

Mais une autre déception nous était réservée : c'est celle que j'ai indiquée plus haut, lorsque j'ai commencé à raconter mon voyage par la fin. Un d'entre nous tomba malade. D'une complexion fort délicate, étant sujet à une forte irritation du larynx, il ressentit bientôt les atteintes de l'humidité. La Maison du Vent (*Son-Vent* en patois), c'est le nom de la villa que le señor Gomez nous avait louée, devint inhabitable. Les murs en étaient si minces, que la chaux dont nos chambres étaient crépies se gonflait comme une éponge. Jamais, pour mon compte, je n'ai tant souffert du froid, quoiqu'il ne fît celle-ci froid en réalité : mais pour nous, qui sommes habitués à nous chauffer en hiver, cette maison sans cheminée était sur nos épaules comme un manteau de glace, et je me sentais paralysé.

Nous ne pouvions nous habituer à l'odeur asphyxiante des braseros, et notre malade commença à souffrir et à tousser.

De ce moment nous devînmes un objet d'horreur et d'épouvante pour la population. Nous fûmes atteints et convaincus de phthisie pulmonaire, ce qui équivaut à la peste dans les préjugés contagionistes de la médecine espagnole. Un riche médecin, qui, pour la modique rétribution de 45 francs, daigna venir nous faire une visite, déclara pourtant que ce n'était rien, et n'ordonna rien. Nous l'avions surnommé *Malvavisco*, à cause de sa prescription unique.

Un autre médecin vint obligeamment à notre secours ; mais la pharmacie de Palma était dans un tel dénûment que nous ne pûmes nous procurer que des drogues détestables. D'ailleurs, la maladie devait être aggravée par des causes qu'aucune science et aucun dévouement ne pouvaient combattre efficacement.

Un matin, que nous étions livrés à des craintes sérieuses sur la durée de ces pluies et de ces souffrances qui étaient liées les unes aux autres, nous reçûmes une lettre du farouche Gomez, qui nous déclarait, dans le style espagnol, que nous *tenions* une personne, laquelle *tenait* une maladie qui portait la contagion dans ses foyers, et menaçait par anticipation les jours de sa famille ; en vertu de quoi il nous priait de déguerpir de son palais dans le plus bref délai possible.

Ce n'était pas un grand regret pour nous, car nous ne pouvions plus rester là sans crainte d'être noyés dans nos chambres ; mais notre malade n'était pas en état d'être transporté sans danger, surtout avec les moyens de transport qu'on a à Majorque, et le temps qu'il faisait. Et puis la difficulté était de savoir où nous irions ; car le bruit de notre phthisie s'était répandu instantanément, et nous ne devions plus espérer de trouver un gîte nulle part, fût-ce à prix d'or, fût-ce pour une nuit. Nous savions bien que les personnes obligeantes qui nous en feraient l'offre n'étaient pas elles-mêmes à l'abri du préjugé, et que d'ailleurs nous attirerions sur elles, en les approchant, la réprobation qui pesait sur nous. Sans l'hospitalité du consul de France, qui fit des miracles pour nous recueillir tous sous son toit, nous étions menacés de camper dans quelque caverne comme des Bohémiens véritables.

Un autre miracle se fit, et nous trouvâmes un asile pour l'hiver. Il y avait à la chartreuse de Valdemosa un Espagnol réfugié qui s'était caché là pour je ne sais quel motif politique. En allant visiter la chartreuse, nous avions été frappés de la distinction de ses manières, de la beauté mélancolique de sa femme, et de l'ameublement rustique et pourtant confortable de leur cellule. La poésie de cette chartreuse m'avait tourné la tête. Il se trouva que le couple mystérieux voulut quitter précipitamment le pays, et qu'il fut aussi charmé de nous céder son mobilier et sa cellule que nous l'étions d'en faire l'acquisition. Pour la modique somme de mille francs, nous eûmes donc un ménage complet, mais tel que nous eussions pu nous le procurer en France pour cent écus, tant les objets de première nécessité sont rares, coûteux, et difficiles à rassembler à Majorque.

Comme nous passâmes alors quatre jours à Palma, quoique j'y aie peu quitté cette fois la cheminée du consul avait le bonheur de posséder (le déluge continuant toujours), je ferai ici une lacune à mon récit pour décrire un peu la capitale de Majorque. M. Laurens, qui vint l'explorer et en dessiner les plus beaux aspects l'année suivante, sera le cicérone que je présenterai maintenant au lecteur, comme plus compétent que moi sur l'archéologie.

DEUXIÈME PARTIE.

I.

Quoique Majorque ait été occupée pendant quatre cents ans par les Maures, elle a gardé peu de traces réelles de leur séjour. Il ne reste d'eux à Palma qu'une petite salle de bains.

Des Romains, il ne reste rien, et des Carthaginois, quelques débris seulement vers l'ancienne capitale Alcudia, et la tradition de la naissance d'Annibal, que M. Grasset de Saint-Sauveur attribue à l'outrecuidance majorquine, quoique ce fait ne soit pas dénué de vraisemblance [1].

Mais le goût mauresque s'est perpétué dans les moindres constructions, et il était nécessaire que M. Laurens redressât toutes les erreurs archéologiques de ses devanciers, pour que les voyageurs ignorants comme moi ne crussent pas retrouver à chaque pas d'authentiques vestiges de l'architecture arabe.

« Je n'ai point vu dans Palma, dit M. Laurens, de maisons dont la date parût fort ancienne. Les plus intéressantes par leur architecture et leur antiquité appartenaient toutes au commencement du seizième siècle ; mais l'art gracieux et brillant de cette époque ne s'y montre pas sous la même forme qu'en France.

« Ces maisons n'ont au-dessus du rez-de-chaussée qu'un étage et un grenier très-bas [2]. L'entrée, dans la rue, consiste en une porte à plein cintre, sans aucun ornement ; mais la dimension et le grand nombre de pierres disposées en longs rayons lui donnent une grande physionomie. Le jour pénètre dans les grandes salles du premier étage à travers de hautes fenêtres divisées par des colonnes excessivement effilées, qui leur donnent une apparence entièrement arabe.

« Ce caractère est si prononcé, qu'il m'a fallu examiner plus de vingt maisons construites d'une manière identique, et les étudier dans toutes les parties de leur construction pour arriver à la certitude que ces fenêtres n'avaient pas été enlevées à quelques murs de ces palais mauresques, vraiment féeriques, dont l'Alhambra de Grenade nous reste comme échantillon.

« Je n'ai rencontré qu'à Majorque des colonnes qui, avec une hauteur de six pieds, n'ont qu'un diamètre de trois pouces. La finesse des marbres dont elles sont faites, le goût du chapiteau qui les surmonte, tout cela m'avait fait supposer une origine arabe. Quoi qu'il en soit, l'aspect de ces fenêtres est aussi joli qu'original.

« Le grenier qui constitue l'étage supérieur a une galerie, ou plutôt une suite de fenêtres rapprochées et copiées exactement sur celles qui forment le couronnement de la *Lonja*. Enfin, un toit fort avancé, soutenu par des poutres artistement ciselées, préserve cet étage de la pluie ou du soleil, et produit des effets piquants de lumière par les longues ombres qu'il projette sur la maison, et par l'opposition de la masse brune de la charpente avec les tons brillants du ciel.

« L'escalier, travaillé avec un grand goût, est placé dans une cour, au centre de la maison, et séparé de l'entrée sur la rue par un vestibule où l'on remarque des pilastres dont le chapiteau est orné de feuillages sculptés, ou de quelque blason supporté par des anges.

« Pendant plus d'un siècle encore après la renaissance, les Majorquins ont mis un grand luxe dans la construction de leurs habitations particulières. Tout en suivant la même distribution, ils ont apporté dans les vestibules et dans les escaliers les changements de goût que l'architecture devait amener. Ainsi l'on trouve partout la colonne toscane ou dorienne ; des rampes, des balustrades, donnent toujours une apparence somptueuse aux demeures de l'aristocratie.

« Cette prédilection pour l'ornement de l'escalier et ce souvenir du goût arabe se retrouvent aussi dans les plus humbles habitations, même lorsqu'une seule échelle conduit directement de la rue au premier étage. Alors, chaque marche est recouverte de carreaux en faïence peinte de fleurs brillantes, bleues, jaunes ou rouges. »

Cette description est fort exacte, et les dessins de M. Laurens rendent bien l'élégance de ces intérieurs dont le péristyle fournirait à nos théâtres de beaux décors d'une extrême simplicité.

Ces petits cours pavées en dalles, et parfois entourées de colonnes comme le *cortile* des palais de Venise, ont aussi pour la plupart un puits d'un goût très-pur au milieu. Elles n'ont ni le même aspect ni le même usage que nos cours malpropres et nues. On n'y place jamais l'entrée des écuries et des remises. Ce sont de véritables préaux, peut-être un souvenir de l'atrium des Romains. Le puits du milieu y tient évidemment la place de l'impluvium.

Lorsque ces péristyles sont ornés de pots de fleurs et de tendines de jonc, ils ont un aspect à la fois élégant et sévère, dont les seigneurs majorquins ne comprennent nullement la poésie ; car ils ne manquent guère de s'excuser sur la vétusté de leurs demeures ; et si vous en admirez le style, ils sourient, croyant que vous les raillez, ou méprisant peut-être en eux-mêmes ce ridicule excès de courtoisie française.

Au reste, tout n'est pas également poétique dans la demeure des nobles majorquins. Il est certains détails de malpropreté dont je serais fort embarrassé de donner l'idée à mes lecteurs, à moins, comme écrivait Jacquemont en parlant des mœurs indiennes, d'achever ma lettre en latin.

Ne sachant pas le latin, je renvoie les curieux au passage de M. Grasset de Saint-Sauveur, écrivain moins sérieux que M. Laurens, mais fort véridique sur ce point, consacré à la situation des garde-mangers à Majorque et dans beaucoup d'anciennes maisons d'Espagne et d'Italie. Ce passage est remarquable à cause d'une prescription de la médecine espagnole qui règne encore dans toute sa vigueur à Majorque, et qui est des plus étranges [1].

L'intérieur de ces palais ne répond nullement à l'ex-

---

[1] « Les Majorquins prétendent qu'Hamilcar, passant d'Afrique en Catalogne avec sa femme, alors enceinte, s'arrêta sur une pointe de l'île où était bâti un temple dédié à Lucine, et qu'Annibal naquit en cet endroit. On trouve ce même conte dans l'*Histoire de Majorque*, par Dameto. » (Grasset de Saint Sauveur.)

[2] Ce ne sont pas précisément des greniers, mais bien des étendoirs, appelés dans le pays *porchos*.

---

[1] Voyez Grasset de Saint-Sauveur, p. 119.

térieur. Rien de plus significatif, chez les nations comme chez les individus, que la disposition et l'ameublement des habitations.

A Paris, où les caprices de la mode et l'abondance des produits industriels font varier si étrangement l'aspect des appartements, il suffit bien, n'est-ce pas, d'entrer chez une personne aisée pour se faire en un clin d'œil une idée de son caractère, pour se dire si elle a du goût ou de l'ordre, de l'avarice ou de la négligence, un esprit méthodique ou romanesque, de l'hospitalité ou de l'ostentation.

J'ai mes systèmes là-dessus, comme chacun a les siens, ce qui ne m'empêche pas de me tromper fort souvent dans mes inductions, ainsi qu'il arrive à bien d'autres.

J'ai particulièrement horreur d'une pièce peu meublée et très-bien rangée. A moins qu'une grande intelligence et un grand cœur, tout à fait emportés hors de la sphère des petites observations matérielles, n'habitent là comme sous une tente, je m'imagine que l'hôte de cette demeure est une tête vide et un cœur froid.

Je ne comprends pas que, lorsqu'on habite réellement entre quatre murailles, on n'éprouve pas le besoin de les remplir, ne fût-ce que de bûches et de paniers, et d'y voir vivre quelque chose autour de soi, ne fût-ce qu'une pauvre giroflée ou un pauvre moineau.

Le vide et l'immobile me glacent d'effroi, la symétrie et l'ordre rigoureux me navrent de tristesse; et si mon imagination pouvait se représenter la damnation éternelle, mon enfer serait certainement de vivre à jamais dans certaines maisons de province où règne l'ordre le plus parfait, où rien ne change jamais de place, où l'on ne voit rien traîner, où rien ne s'use ni ne brise, et où pas un animal ne pénètre, sous prétexte que les choses animées gâtent les choses inanimées. Eh! périssent tous les tapis du monde, si je ne dois en jouir qu'à la condition de n'y jamais voir gambader un enfant, un chien ou un chat.

Cette propreté rigide ne prend pas sa source dans l'amour véritable de la propreté, mais dans une excessive paresse, ou dans une économie sordide. Avec un peu plus de soin et d'activité, la *ménagère* sympathique à mes goûts peut maintenir dans notre intérieur cette propreté, dont je ne puis pas me passer non plus.

Mais que dire et que penser des mœurs et des idées d'une famille dont le *home* est vide et immobile, sans avoir l'excuse ou le prétexte de la propreté?

S'il arrive qu'on se trompe aisément, comme je le disais tout à l'heure, dans les inductions particulières, il est difficile de se tromper dans les inductions générales. Le caractère d'un peuple se révèle dans son costume et dans son ameublement, aussi bien que dans ses traits et dans son langage.

Ayant parcouru Palma pour y chercher des appartements, je suis entré dans un assez grand nombre de maisons; tout s'y ressemblait si exactement que je pouvais conclure de là à un caractère général chez leurs occupants. Je n'ai pénétré dans aucun de ces intérieurs sans avoir le cœur serré de déplaisir et d'ennui, rien qu'à voir les murailles nues, les dalles tachées et poudreuses, les meubles rares et malpropres. Tout y portait témoignage de l'indifférence et de l'inaction; jamais un livre, jamais un ouvrage de femme. Les hommes ne lisent pas, les femmes ne cousent même pas. Le seul indice d'une occupation domestique, c'est l'odeur de l'ail qui trahit le travail culinaire; et les seules traces d'un amusement intime, ce sont les bouts de cigare semés sur le pavé.

Cette absence de vie intellectuelle fait de l'habitation quelque chose de mort et de creux qui n'a pas d'analogue chez nous, et qui donne au Majorquin plus de ressemblance avec l'Africain qu'avec l'Européen.

Ainsi toutes ces maisons où les générations se succèdent sans rien transformer autour d'elles, et sans marquer aucune empreinte individuelle sur les choses qui ordinairement participent en quelque sorte à notre vie humaine, font plutôt l'effet de caravansérails que de maisons véritables; et tandis que les nôtres donnent l'idée d'un nid pour la famille, celles-là semblent des gîtes où les groupes d'une population errante se retireraient indifféremment pour passer la nuit. Des personnes qui connaissaient bien l'Espagne m'ont dit qu'il en était généralement ainsi dans toute la Péninsule.

Ainsi que je l'ai dit plus haut, le péristyle ou l'*atrium* des palais des *chevaliers* (c'est ainsi que s'intitulent encore les patriciens de Majorque) ont un grand caractère d'hospitalité et même de bien-être. Mais dès que vous avez franchi l'élégant escalier et pénétré dans l'intérieur des chambres, vous croyez entrer dans un lieu disposé uniquement pour la sieste. De vastes salles, ordinairement dans la forme d'un carré long, très-élevées, très-froides, très-sombres, toutes nues, blanchies à la chaux sans aucun ornement, avec de grands vieux portraits de famille tout noirs et placés sur une seule ligne, si haut qu'on n'y distingue rien; quatre ou cinq chaises d'un cuir gras et mangé aux vers, bordées de gros clous dorés qu'on n'a pas nettoyés depuis deux cents ans; quelques nattes valenciennes, ou seulement quelques peaux de mouton à longs poils jetées çà et là sur le pavé; des croisées placées très-haut et recouvertes de pagnes épaisses; de larges portes de bois de chêne noir ainsi que le plafond à solives, et parfois une antique portière de drap d'or portant l'écusson de la famille richement brodé, mais terni et rongé par le temps: tels sont les palais majorquins à l'intérieur. On n'y voit guère d'autres tables que celles où l'on mange; les glaces sont fort rares, et tiennent si peu de place dans ces panneaux immenses, qu'elles n'y jettent aucune clarté.

On trouve le maître de la maison debout et fumant dans un profond silence, la maîtresse assise sur une grande chaise et jouant de l'éventail sans penser à rien. On ne voit jamais les enfants: ils vivent avec les domestiques, à la cuisine ou au grenier, je ne sais; les parents ne s'en occupent pas. Un chapelain va et vient dans la maison sans rien faire. Les vingt ou trente valets font la sieste, pendant qu'une vieille servante hérissée ouvre la porte au quinzième coup de sonnette du visiteur.

Cette vie ne manque certainement pas de *caractère*, comme nous dirions dans l'acception illimitée que nous donnons aujourd'hui à ce mot; mais, si l'on condamnait à vivre ainsi le plus calme de nos bourgeois, il y deviendrait certainement fou de désespoir, ou démagogue par réaction d'esprit.

I.

Les trois principaux édifices de Palma sont la cathédrale, la Lonja (bourse) et le Palacio-Real.

La cathédrale, attribuée par les Majorquins à don Jaime le Conquérant, leur premier roi chrétien et en quelque sorte leur Charlemagne, fut en effet entreprise sous ce règne, mais elle ne fut terminée qu'en 1601. Elle est d'une immense nudité; la pierre calcaire dont elle est entièrement bâtie est d'un grain très-fin et d'une belle couleur d'ambre.

Cette masse imposante, qui s'élève au bord de la mer, est d'un grand effet lorsqu'on entre dans le port; mais elle n'a de vraiment estimable, comme goût, que le portail méridional, signalé par M. Laurens comme le plus beau spécimen de l'art gothique qu'il ait jamais eu occasion de dessiner. L'intérieur est des plus sévères et des plus sombres.

Les vents maritimes pénétrant avec fureur par les larges ouvertures du portail principal et renversant les tableaux et les vases sacrés au milieu des offices, on a muré les portes et les rosaces de ce côté. Ce vaisseau n'a pas moins de cinq cent quarante palmes [1]

[1] Le *palmo* espagnol est le *pan* de nos provinces méridionales.

de longueur sur trois cent soixante-quinze de largeur.

Au milieu du chœur on remarque un sarcophage de marbre fort simple, qu'on ouvre aux étrangers pour leur montrer la momie de don Jaime II, fils du *Conquistador*, prince dévot, aussi faible et aussi doux que son père fut entreprenant et belliqueux.

Les Majorquins prétendent que leur cathédrale est très-supérieure à celle de Barcelone, de même que leur Lonja est infiniment, selon eux, plus belle que celle de Valence. Je n'ai pas vérifié le dernier point; quant au premier, il est insoutenable.

Dans l'une et dans l'autre cathédrale on remarque le singulier trophée qui orne la plupart des métropoles de l'Espagne : c'est la hideuse tête de Maure en bois peint, coiffée d'un turban, qui termine le pendentif de l'orgue. Cette représentation d'une tête coupée est souvent ornée d'une longue barbe blanche et peinte en rouge en dessous pour figurer le sang impur du vaincu.

On voit sur les clefs de voûte des nefs de nombreux écussons armoriés. Apposer ainsi son blason dans la maison de Dieu était un privilége que les chevaliers majorquins payaient fort cher; et c'est grâce à cet impôt prélevé sur la vanité que la cathédrale a pu être achevée dans un siècle où la dévotion était refroidie. Il faudrait être bien injuste pour attribuer aux seuls Majorquins une faiblesse qui leur a été commune avec les nobles dévots du monde entier à cette époque.

La Lonja est le monument qui m'a le plus frappé par ses proportions élégantes et un caractère d'originalité que n'excluent ni une régularité parfaite ni une simplicité pleine de goût.

Cette bourse fut commencée et terminée dans la première moitié du quinzième siècle. L'illustre Jovellanos l'a décrite avec soin, et le *Magasin Pittoresque* l'a popularisée par un dessin fort intéressant, publié il y a déjà plusieurs années. L'intérieur en est une seule vaste salle soutenue par six piliers cannelés en spirale, d'une ténuité élégante.

Destinée jadis aux réunions des marchands et des nombreux navigateurs qui affluaient à Palma, la Lonja témoigne de la splendeur passée du commerce majorquin; aujourd'hui elle ne sert plus qu'aux fêtes publiques. Ce devait être une chose intéressante de voir les Majorquins, revêtus des riches costumes de leurs pères, s'ébattre gravement dans cette antique salle de bal; mais la pluie nous tenait alors captifs dans la montagne, et il ne nous fut pas possible de voir ce carnaval, moins renommé et moins triste peut-être que celui de Venise. Quant à la Lonja, quelque belle qu'elle m'ait paru, elle n'a pas fait tort dans mes souvenirs à cet adorable bijou qu'on appelle la Cadoro, l'ancien hôtel des monnaies, sur le Grand-Canal.

Le Palacio-Real de Palma, que M. Grasset de Saint-Sauveur n'hésite point à croire romain et mauresque (ce qui lui a inspiré des émotions tout à fait dans le goût de l'empire), a été bâti, dit-on, en 1309. M. Laurens se déclare troublé dans sa conscience à l'endroit des petites fenêtres géminées, et des colonnettes énigmatiques qu'il a étudiées dans ce monument.

Serait-il donc trop audacieux d'attribuer les anomalies de goût que l'on remarque dans tant de constructions majorquines à l'intercalation d'anciens fragments dans des constructions subséquentes? De même qu'en France et en Italie le goût de la renaissance introduisit des médaillons et des bas-reliefs vraiment grecs et romains dans les ornements de sculpture, n'est-il pas probable que les chrétiens de Majorque, après avoir renversé tous les ouvrages mauresques[1], en utilisèrent les riches débris et les incrustèrent de plus en plus dans leurs constructions postérieures?

---

[1]. La prise et le sac de Palma par les chrétiens, au mois de décembre de l'année 1229, sont très-pittoresquement décrits dans la chronique de Marsili (inédite). En voici un fragment :

« Les pillards et les voleurs fouillant dans les maisons trouvaient de très belles femmes et de charmantes filles maures cachées dans leur cou, des pièces de monnaie d'or et d'argent, des perles et pierres précieuses, des bracelets en or et en argent, des saphirs et toute sorte de joyaux de prix. Elles étalaient tous ces objets aux yeux des hommes armés

Quoi qu'il en soit, le Palacio-Real de Palma est d'un aspect fort pittoresque. Rien de plus irrégulier, de plus incommode et de plus sauvagement moyen âge que cette habitation seigneuriale; mais aussi rien de plus fier, de plus caractérisé, de plus hidalgo que ce manoir composé de galeries, de tours, de terrasses et d'arcades grimpant les unes sur les autres à une hauteur considérable, et terminées par un ange gothique, qui, du sein des nues, regarde l'estrade par-dessus la mer.

Ce palais, qui renferme les archives, est la résidence du capitaine général, le personnage le plus éminent de l'île. Voici comment M. Grasset de Saint-Sauveur décrit l'intérieur de cette résidence :

« La première pièce est une espèce de vestibule servant de corps de garde. On passe à droite dans deux grandes galeries, où à peine rencontre-t-on un siége.

« La troisième est la salle d'audience; elle est décorée d'un trône en velours cramoisi enrichi de crépines en or, porté sur une estrade de trois marches couvertes d'un tapis. Aux deux côtés sont deux lions en bois doré. Le dais qui couvre le trône est également de velours cramoisi surmonté de panaches en plumes d'autruche. Au-dessus du trône sont suspendus les portraits du roi et de la reine.

« C'est dans cette salle que le général reçoit, les jours d'étiquette ou de *gala*, les différents corps de l'administration civile, les officiers de la garnison, et les étrangers de considération. »

Le capitaine général, faisant les fonctions de gouverneur, pour qui nous avions des lettres, nous fit en effet l'honneur de recevoir dans cette salle celui de nous qui se chargea d'aller les lui présenter. Notre compagnon trouva ce haut fonctionnaire près de son trône, le même à coup sûr que décrivait Grasset de Saint-Sauveur en 1807; car il était usé, fané, râpé, et quelque peu taché d'huile et de bougie. Les deux lions n'étaient plus guère dorés, mais ils faisaient toujours une grimace très-féroce. Il n'y avait de changé que l'effigie royale; cette fois, c'était l'innocente Isabelle, monstrueuse enseigne de cabaret, qui occupait le vieux cadre doré où ses augustes ancêtres s'étaient succédé comme les modèles dans le *passe-partout* d'un élève en peinture. Le gouverneur, pour être logé comme le duc d'Irénéus d'Hoffmann, n'en était pas moins un homme fort estimé et un prince fort affable.

Un quatrième monument fort remarquable est le palais de l'Ayuntamiento, ouvrage du seizième siècle, dont on compare avec raison le style à celui des palais de Florence. Le toit est surtout remarquable par l'avancement de ses bords, comme ceux des palais florentins et des chalets suisses; mais il a cela de particulier, qu'il est soutenu par des caissons à rosaces fort richement sculptées sur bois, alternées avec de longues cariatides couchées sous cet auvent, qu'elles semblent porter en gémissant, car la plupart d'entre elles ont la face cachée dans leurs mains.

Je n'ai pas vu l'intérieur de cet édifice, dans lequel se trouve la collection des portraits des grands hommes de Majorque. Au nombre de ces illustres personnages, on voit le fameux don Jaime, sous les traits d'un *roi de carreau*. On y voit aussi un très-ancien tableau représentant les funérailles de Raymond Lulle, Majorquin, lequel offre une série très-intéressante et très-variée des anciens costumes revêtus par l'innombrable cortége du docteur illuminé. Enfin on voit dans ce palais consistorial un magnifique *Saint Sébastien* de Van Dyck.

---

qui se présentaient à elles, et, pleurant amèrement, elles leur disaient en sanglotant : « — Que tout ceci soit à toi, mais donne-moi seulement de qui vivre. »

« L'avidité du gain fut telle, tel fut le déportement, que les hommes de la maison du roi d'Aragon ne partirent de leurs jours en sa présence, occupés qu'ils étaient à chercher et les choses cachées pour se les approprier.

« C'était à tel point que le lendemain, comme on n'avait pu découvrir le cuisinier ni les officiers de la maison du roi, un noble aragonais, Lauro, lui dit :

« — Seigneur, je vous invite parce que j'ai bien de quoi manger, et qu'on m'annonce que j'ai à mon logis une bonne vache; la vous prendrez un repas et coucherez cette nuit. »

« Le roi eut une grande joie et suivit ledit noble. »

Le fort de Belver.

dont personne, à Majorque, ne m'a daigné signaler l'existence.

« Palma possède une école de dessin, ajoute M. Laurens, qui a déjà formé, dans notre dix-neuvième siècle seulement, trente-six peintres, huit sculpteurs, onze architectes et six graveurs, tous professeurs célèbres, s'il faut en croire le Dictionnaire des artistes célèbres de Majorque, que vient de publier le savant Antonio Furio. J'avoue ingénument que pendant mon séjour à Palma je ne me suis pas cru entouré de tant de grands hommes, et que je n'ai rien vu qui me fît deviner leur existence...

« Quelques riches familles conservent plusieurs tableaux de l'école espagnole... Mais si vous parcourez les magasins, si vous entrez dans la maison du simple citoyen, vous n'y trouverez que ces images coloriées étalées par des colporteurs sur nos places publiques, et qui ne trouvent accès en France que sous l'humble toit du pauvre paysan. »

Le palais dont Palma se glorifie le plus est celui du comte de Montenegro, vieillard octogénaire, autrefois capitaine général, un des personnages de Majorque les plus illustres par la naissance et les plus importants par la richesse.

Ce seigneur possède une bibliothèque que nous fûmes admis à visiter, mais dont je n'ouvris pas un seul volume, et dont je ne saurais absolument rien dire (tant mon respect pour les livres est voisin de l'épouvante); si un savant compatriote ne m'eût appris l'importance des trésors devant lesquels j'étais passé indifférent, comme le coq de la fable au milieu des perles.

Ce compatriote[1], qui est resté près de deux ans en Catalogne et à Majorque pour y faire des études sur la langue romane, m'a communiqué obligeamment ses notes, et m'a autorisé, avec une générosité bien rare chez les érudits, à y puiser à discrétion. Je ne le ferai pas sans prévenir mon lecteur que ce voyageur a été aussi enthousiasmé de toutes choses à Majorque que j'y ai été désappointé.

Je pourrais dire, pour expliquer cette divergence d'impressions, que, lors de mon séjour, la population

---

[1] M. Tastu, un de nos linguistes les plus érudits, et l'époux d'une de nos muses au talent le plus pur et au caractère le plus noble.

Le château de Vademorosa.

majorquine s'était gênée et resserrée pour faire place à vingt mille Espagnols que la guerre y avait refoulés, et que j'ai pu, sans erreur et sans prévention, trouver Palma moins habitable, et les Majorquins moins disposés à accueillir un nouveau surcroît d'étrangers qu'ils ne l'étaient sans doute deux ans auparavant. Mais j'aime mieux encourir le blâme d'un bienveillant redresseur que d'écrire sous une autre impression que la mienne propre.

Je serai bien heureux, d'ailleurs, d'être contredit et réprimandé publiquement, comme je l'ai été en particulier; car le public y gagnera un livre bien plus exact et bien plus intéressant sur Majorque que cette relation décousue, et peut-être injuste à mon insu, que je suis forcé de lui donner.

Que M. Tastu publie donc son voyage; je lirai avec grand contentement de cœur, je le jure, tout ce qui me pourra faire changer d'opinion sur les Majorquins : j'en ai connu quelques-uns que je voudrais pouvoir considérer comme les représentants du type général, et qui, je l'espère, ne douteront pas de mes sentiments à leur égard, si cet écrit tombe jamais entre leurs mains.

Je trouve donc dans les notes de M. Tastu, à l'endroit des richesses intellectuelles que possède encore Majorque, cette bibliothèque du comte de Montenegro, que j'ai parcourue peu révérencieusement à la suite du chapelain de la maison, occupé que j'étais d'examiner cet intérieur d'un vieux chevalier majorquin célibataire; intérieur triste et grave s'il en fut, régi silencieusement par un prêtre.

« Cette bibliothèque, dit M. Tastu, a été composée par l'oncle du comte de Montenegro, le cardinal Antonio Despuig, l'ami intime de Pie VI.

« Le savant cardinal avait réuni tout ce que l'Espagne, l'Italie et la France avaient de remarquable en bibliographie. La partie qui traite de la numismatique et des arts de l'antiquité y est surtout au grand complet.

« Parmi le petit nombre de manuscrits qu'on y trouve, il en est un fort curieux pour les amateurs de calligraphie : c'est un livre d'heures. Les miniatures en sont précieuses; il est des meilleurs temps de l'art.

« L'amateur de blason y trouvera encore un armorial où sont dessinés avec leurs couleurs les écus d'armes de la noblesse espagnole, y compris ceux des familles aragonaises, mallorquines, roussillonnaises et languedociennes. Le manuscrit, qui paraît être du seizième siècle, a appartenu à la famille Dameto, alliée aux Despuig et aux Montenegro. En le feuilletant, nous y avons trouvé l'écu de la famille des *Bonapart*, d'où descendait notre grand Napoléon, et dont nous avons tiré le *fac-simile* qu'on verra ci-après... »

« On trouve encore dans cette bibliothèque la belle carte nautique du Mallorquin Valsequa, manuscrit de 1439, chef-d'œuvre de calligraphie et de dessin topographique, sur lequel le miniaturiste a exercé son précieux travail. Cette carte avait appartenu à Améric Vespuce, qui l'avait achetée fort cher, comme l'atteste une légende en écriture du temps, placée sur le dos de ladite carte : « *Questa ampla pelle di geographia fu pagata da Americo Vespucci CXXX ducati di oro di marco.*

« Ce précieux monument de la géographie du moyen âge sera incessamment publié pour faire suite à l'Atlas catalan-mallorquin de 1375, inséré dans le XIVᵉ vol., 2ᵉ partie, des Notices de manuscrits de l'Académie des Inscriptions et Belles-Lettres. »

En transcrivant cette note, les cheveux me dressent à la tête, car une scène affreuse se retrace à ma pensée. Nous étions dans cette même bibliothèque de Montenegro, et le chapelain déroulait devant nous cette même carte nautique, ce monument si précieux et si rare, acheté par Améric Vespuce 130 ducats d'or, et Dieu sait combien par l'amateur d'antiquités le cardinal Despuig !.. lorsqu'un des quarante ou cinquante domestiques de la maison imagina de poser un encrier de liège sur un des coins du parchemin pour le tenir ouvert sur la table. L'encrier était plein, mais plein jusqu'aux bords !

Le parchemin, habitué à être roulé, et poussé peut-être en cet instant par quelque malin esprit, fit un effort, un craquement, un saut, et revint sur lui-même entraînant l'encrier, qui disparut dans le rouleau bondissant et vainqueur de toute contrainte. Ce fut un cri général ! le chapelain devint plus pâle que le parchemin.

On déroula lentement la carte, se flattant encore d'une vaine espérance ! Hélas ! l'encrier était vide ! La carte était inondée, et les jolis petits souverains peints en miniature voguaient littéralement sur une mer plus noire que le Pont-Euxin.

Alors chacun perdit la tête. Je crois que le chapelain s'évanouit. Les valets accoururent avec des seaux d'eau, comme s'il se fût agi d'un incendie, et, à grands coups d'éponge et de balai, se mirent à nettoyer la carte, emportant pêle-mêle rois, mers, îles et continents.

Avant que nos cussions pu nous opposer à ce zèle fatal, la carte fut en partie gâtée, mais non pas sans ressource ; M. Tastu en avait pris le calque exact, et on pourra, grâce à lui, réparer tant bien que mal le dommage.

Mais quelle dut être la consternation de l'aumônier lorsque son seigneur s'en aperçut ! Nous étions tous à six pas de la table au moment de la catastrophe ; mais je suis bien certain que nous n'en portâmes pas moins tout le poids de la faute, et que, de fait, notre qualité de Français n'aura pas contribué à les remettre en bonne odeur à Majorque.

Cet événement tragique nous empêcha d'admirer et même d'apercevoir aucune des merveilles que renferme le palais de Montenegro, ni le cabinet de médailles, ni les bronzes antiques, ni les tableaux. Il nous tardait de fuir avant que le patron rentrât, et, certains d'être accusés auprès de lui, nous n'osâmes y retourner. La note de M. Tastu suppléera donc encore ici à mon ignorance.

« Attenant à la bibliothèque du cardinal se trouve un cabinet de médailles celtibériennes, mauresques, grecques, romaines et du moyen âge ; inappréciable collection, aujourd'hui dans un désordre affligeant, et qui attend un érudit pour être rangée et classée.

« Les appartements du comte de Montenegro sont décorés d'objets d'art en marbre ou en bronze antique, provenant des fouilles d'Ariccia, ou achetés à Rome par le cardinal. On y voit aussi beaucoup de tableaux des écoles espagnole et italienne, dont plusieurs pourraient figurer avec éclat dans les plus belles galeries de l'Europe. »

Il faut que je parle du château de Belver ou Bellver, l'ancienne résidence des rois de Majorque, quoique je ne l'aie vue que de loin, sur la colline d'où il domine la mer avec beaucoup de majesté. C'est une forteresse d'une grande antiquité, et une des plus dures prisons d'État de l'Espagne.

« Les murailles qui existent aujourd'hui, dit M. Laurens, ont été élevées à la fin du treizième siècle, et elles montrent dans un bel état de conservation un des plus curieux monuments de l'architecture militaire au moyen âge. »

Lorsque notre voyageur le visita, il y trouva une cinquantaine de prisonniers carlistes, couverts de haillons et presque nus, quelques-uns encore enfants, qui mangeaient à la gamelle avec une gaieté bruyante un chaudron de macaroni grossier cuit à l'eau. Ils étaient gardés par des soldats qui tricotaient des bas, le cigare à la bouche.

C'était au château de Belver qu'on transférait effectivement à cette époque le trop-plein des prisons de Barcelone. Mais des captifs plus illustres ont vu se fermer sur eux ces portes redoutables.

Don Gaspar de Jovellanos, un des orateurs les plus éloquents et des écrivains les plus énergiques de l'Espagne, y expia son célèbre pamphlet *Pan y toros*, dans la *torre de homenage, cuya cuva*, dit Vargas, *es la mas cruda prision.* Il y occupa ses tristes loisirs à décrire scientifiquement sa prison, et à retracer l'histoire des événements tragiques dont elle avait été le théâtre au temps des guerres du moyen âge.

Les Majorquins doivent aussi à son séjour dans leur île une excellente description de leur cathédrale et de leur Lonja. En un mot, ses Lettres sur Majorque sont les meilleurs documents qu'on puisse consulter.

Le même cachot qu'avait occupé Jovellanos, sous le règne parasite du prince de la Paix, reçut bientôt après une autre illustration scientifique et politique.

Cette anecdote peu connue de la vie d'un homme aussi justement célèbre en France que Jovellanos l'est en Espagne, intéressera d'autant plus qu'elle est un des chapitres romanesques d'une vie que l'amour de la science jeta dans mille aventures périlleuses et touchantes.

III.

Chargé par Napoléon de la mesure du méridien, M. Arago était, en 1808, à Majorque, sur la montagne appelée le *Clot de Galatzo*, lorsqu'il reçut la nouvelle des événements de Madrid et de l'enlèvement de Ferdinand. L'exaspération des habitants de Majorque fut telle alors qu'ils s'en prirent au savant français, et se dirigèrent en foule vers le Clot de Galatzo pour le tuer.

Cette montagne est située au-dessus de la côte où descendit Jaime Iᵉʳ lorsqu'il conquit Majorque sur les Maures, et comme M. Arago y faisait souvent allumer des feux pour son usage, les Majorquins s'imaginèrent qu'il faisait des signaux à une escadre française portant une armée de débarquement.

Un de ces insulaires nommé Damian, maître de timonnerie sur le brick affecté par le gouvernement espagnol aux opérations de la mesure du méridien, résolut d'avertir M. Arago du danger qu'il courait. Il devança ses compatriotes, et lui porta en toute hâte des habits de marin pour le déguiser.

M. Arago quitta aussitôt sa montagne et se rendit à Palma. Il rencontra en chemin ceux-là mêmes qui allaient pour le mettre en pièces, et qui lui demandèrent des renseignements sur le maudit *gabacho* dont ils voulaient se défaire. Parlant très-bien la langue du pays, M. Arago répondit à toutes leurs questions, et ne fut pas reconnu.

En arrivant à Palma, il se rendit à son brick ; mais le capitaine don Manoel de Vacaro, qui jusque là avait toujours déféré à ses ordres, refusa formellement de le conduire à Barcelone, et ne lui offrit à son bord pour tout refuge qu'une caisse dans laquelle, vérification faite, M. Arago ne pouvait tenir.

Le lendemain, un attroupement menaçant s'étant formé sur le rivage, le capitaine Vacaro avertit M. Arago qu'il ne pouvait plus désormais répondre de sa vie; ajoutant, sur l'avis du capitaine général, qu'il n'y avait pour lui d'autre moyen de salut que d'aller se constituer prisonnier dans le fort de Belver. On lui fournit à cet effet une chaloupe sur laquelle il traversa la rade. Le peuple s'en aperçut, et, s'élançant à sa poursuite, allait l'atteindre au moment où les portes de la forteresse se fermèrent sur lui.

M. Arago resta deux mois dans cette prison, et le capitaine général lui fit dire enfin qu'il fermerait les yeux sur son évasion. Il s'échappa donc par les soins de M. Rodriguez, son associé espagnol dans la mesure du méridien.

Le même Majorquin Damian, qui lui avait sauvé la vie au Clot de Galazo, le conduisit à Alger sur une barque de pêcheur, ne voulant à aucun prix débarquer en France ou en Espagne.

Durant sa captivité, M. Arago avait appris des soldats suisses qui le gardaient, que des moines de l'île leur avaient promis de l'argent s'ils voulaient l'empoisonner.

En Afrique, notre savant eut bien d'autres revers, auxquels il échappa d'une façon encore plus miraculeuse; mais ceci sortirait de notre sujet, et nous espérons qu'un jour il écrira cette intéressante relation.

———

Au premier abord, la capitale majorquine ne révèle pas tout le caractère qui est en elle. C'est en la parcourant dans l'intérieur, en pénétrant le soir dans ses rues profondes et mystérieuses, qu'on est frappé du style élégant et de la disposition originale de ses moindres constructions. Mais c'est surtout du côté du nord, lorsqu'on y arrive de l'intérieur des terres, qu'elle se présente avec toute sa physionomie africaine.

M. Laurens a senti cette beauté pittoresque, qui n'eût point frappé un simple archéologue, et il a retracé un des aspects qui m'avait le plus pénétré par sa grandeur et sa mélancolie; c'est la partie du rempart sur laquelle s'élève, non loin de l'église de Saint-Augustin, un énorme massif carré sans autre ouverture qu'une petite porte cintrée.

Un groupe de beaux palmiers couronne cette fabrique, dernier vestige d'une forteresse des templiers, premier plan, admirable de tristesse et de nudité, au tableau magnifique qui se déroule au loin, la plaine riante et fertile terminée au loin par les montagnes bleues de Valdemosa. Vers le soir, la couleur de ce paysage varie d'heure en heure en s'harmonisant toujours de plus en plus; nous l'avons vu au coucher du soleil d'un rose étincelant, puis d'un violet splendide, et puis d'un lilas argenté, et enfin d'un bleu pur et transparent à l'entrée de la nuit.

M. Laurens a dessiné plusieurs autres vues prises des remparts de Palma.

« Tous les soirs, dit-il, à l'heure où le soleil colore vivement les objets, j'allais lentement par le rempart, m'arrêtant à chaque pas pour contempler les heureux accidents qui résultaient de l'arrangement des lignes des montagnes ou de la mer avec les sommités des édifices de la ville.

» Ici, le talus intérieur du rempart était garni d'une effrayante haie d'aloès d'où sortaient par centaines ces hautes tiges dont l'inflorescence rappelle si bien un candélabre monumental. Au delà, des groupes de palmiers s'élevaient dans les jardins au milieu des figuiers, des cactus, des orangers et des ficus arborescents; plus loin apparaissaient des belvédères et des terrasses ombragées de vignes; enfin, les aiguilles de la cathédrale, les clochers et les dômes des nombreuses églises se détachaient en silhouettes sur le fond pur et lumineux du ciel. »

Une autre promenade dans laquelle les sympathies de M. Laurens ont rencontré les miennes, c'est celle des ruines du couvent de Saint-Dominique.

Au bout d'un berceau de vigne soutenu par des piliers de marbre se trouvent quatre grands palmiers que l'élévation de ce jardin en terrasse fait paraître gigantesques, et qui font vraiment partie, à cette hauteur, des monuments de la ville avec lesquels leur cime se trouve de niveau. A travers leurs rameaux on aperçoit le sommet de la façade de Saint-Étienne, la tour massive de la célèbre horloge baléarique [1], et la tour de l'Ange du Palacio-Real.

Ce couvent de l'inquisition, qui n'offre plus qu'un monceau de débris, où quelques arbrisseaux et quelques plantes aromatiques percent çà et là les décombres, n'est pas tombé sous la main du temps. Une main plus prompte et plus inexorable, celle des révolutions, a renversé et presque mis en poudre, il y a peu d'années, ce monument que l'on dit avoir été un chef-d'œuvre, et dont les vestiges, les fragments de riche mosaïque, quelques arcs légers encore debout et se dressant dans le vide comme des squelettes, attestent du moins la magnificence.

C'est un grand sujet d'indignation pour l'aristocratie palmésane, et une source de regrets bien légitimes pour les artistes, que la destruction de ces sanctuaires de l'art catholique dans toute l'Espagne. Il y a dix ans, peut-être eussé-je été, moi aussi, plus frappé du vandalisme de cette destruction que de la page historique dont elle est la vignette.

Mais, quoiqu'on puisse avec raison, comme le fait M. Marliani dans son *Histoire politique de l'Espagne moderne*, déplorer le côté faible et violent à la fois des mesures que ce décret devait entraîner, j'avoue qu'au milieu de ces ruines je sentais une émotion qui n'était pas la tristesse que les ruines inspirent ordinairement. La foudre était tombée là, et la foudre est un instrument aveugle, une force brutale comme la colère de l'homme; mais la loi providentielle qui gouverne les éléments et préside à leurs apparents désordres sait bien que les principes d'une vie nouvelle sont cachés dans la cendre des débris. Il y eut dans l'atmosphère politique de l'Espagne, le jour où les couvents tombèrent, quelque chose d'analogue à ce besoin de renouvellement qu'éprouve la nature dans ses convulsions fécondes.

Je ne crois pas ce qu'on m'a dit à Palma, que quelques mécontents avides de vengeances ou de dépouilles aient consommé cet acte de violence à la face de la population consternée. Il faut beaucoup de mécontents pour réduire ainsi en poussière une énorme masse de bâtiments, et il faut qu'il y ait bien peu de sympathies dans une population pour qu'elle voie ainsi accomplir un décret contre lequel elle protesterait dans son cœur.

Je crois bien plutôt que la première pierre arrachée

---

[1] « Cette horloge, que les deux principaux historiens de Majorque, Dameto et Mut, ont longuement décrite, fonctionnait encore il y a trente ans, et voici ce qu'en dit M. Grasset de Saint-Sauveur : « Cette machine, très-ancienne, est appelée l'*horloge du Soleil*. Elle marque les heures depuis le lever jusqu'au coucher de cet astre, suivant l'étendue plus ou moins grande de l'arc diurne et nocturne; de manière que le 10 juin, elle frappe la première heure du jour à cinq heures et demie, la quatorzième à sept et demie, la première de la nuit à huit et demie, la neuvième à quatre et demie de la matinée suivante. C'est l'inverse à commencer du 10 décembre. Pendant tout le cours de l'année, les heures sont exactement réglées, suivant les variations du lever et du coucher du soleil. Cette horloge n'est pas d'une grande utilité pour les gens du pays, qui se règlent d'après les horloges modernes; mais elle sert aux jardiniers pour déterminer les heures de l'arrosage. On ignore à quelle époque cette machine a été apportée à Palma; on ne suppose pas que ce soit d'Espagne, de France, d'Allemagne ou d'Italie, où les Romains avaient introduit l'usage de diviser le jour en douze heures, à commencer au lever du soleil.

« Cependant un ecclésiastique, recteur de l'université de Palma, assure, dans la troisième partie d'un ouvrage sur la religion séraphique, que des Juifs fugitifs, du temps de Vespasien, retirèrent cette fameuse horloge des ruines de Jérusalem et la transportèrent à Majorque, où ils s'étaient réfugiés. Voilà une origine merveilleuse, conséquente avec le penchant caractéristique de nos insulaires pour tout ce qui tient du prodige.

« L'historien Dameto et Mut, son continuateur, ne font remonter qu'à l'année 1385 l'antiquité de l'horloge baléarique. Elle fut achetée des pères dominicains et placée dans la tour où elle existe. » (*Voyage aux îles Baléares et Pithiuses*, 1807.)

du sommet de ces dômes fit tomber de l'âme du peuple en sentiment de crainte et de respect qui n'y tenait pas plus que le clocher monacal sur sa base ; et que chacun, sentant remuer ses entrailles par une impulsion mystérieuse et soudaine, s'élança sur le cadavre avec un mélange de courage et d'effroi, de fureur et de remords. Le monachisme protégeait bien des abus et caressait bien des égoïsmes ; la dévotion est bien puissante en Espagne, et sans doute plus d'un démolisseur se repentit et se confessa le lendemain au religieux qu'il venait de chasser de son asile. Mais il y a dans le cœur de l'homme le plus ignorant et le plus aveugle quelque chose qui le fait tressaillir d'enthousiasme quand le destin lui confère une mission souveraine.

Le peuple espagnol avait bâti de ses deniers et de ses sueurs ces insolents palais du clergé régulier, à la porte desquels il venait recevoir depuis des siècles l'obole de la mendicité fainéante et le pain de l'esclavage intellectuel. Il avait participé à ses crimes, il avait trempé dans ses lâchetés. Il avait élevé les bûchers de l'inquisition. Il avait été complice et délateur dans les persécutions atroces dirigées contre des races entières qu'on voulait extirper de son sein. Et quand il eut consommé la ruine de ces juifs qui l'avaient enrichi, quand il eut banni ces Maures auxquels il devait sa civilisation et sa grandeur, il eut pour châtiment céleste la misère et l'ignorance. Il eut la persévérance et la piété de ne pas s'en prendre à ce clergé, son ouvrage, son corrupteur et son fléau. Il souffrit longtemps, courbé sous ce joug façonné de ses propres mains. Et puis, un jour, des voix étranges, audacieuses, firent entendre à ses oreilles et à sa conscience des paroles d'affranchissement et de délivrance. Il comprit l'erreur de ses ancêtres, rougit de son abaissement, s'indigna de sa misère, et malgré l'idolâtrie qu'il conservait encore pour les images et les reliques, il brisa ces simulacres, et crut plus énergiquement à son droit qu'à son culte.

Quelle est donc cette puissance secrète qui transporta tout d'un coup le dévot prosterné, au point de tourner son fanatisme d'un jour contre les objets de l'adoration de toute sa vie ? Ce n'est, à coup sûr, ni le mécontentement des hommes, ni l'ennui des choses. C'est le mécontentement de soi-même, c'est l'ennui de sa propre timidité.

Et le peuple espagnol fut plus grand qu'on ne pense ce jour-là. Il accomplit un fait décisif, et s'ôta à lui-même les moyens de revenir sur sa détermination, comme un enfant qui veut devenir homme, et qui brise ses jouets, afin de ne plus céder à la tentation de les reprendre.

Quant à don Juan Mendizabal (son nom vaut bien la peine d'être prononcé à propos de tels événements), si ce que j'ai appris de son existence politique m'a été fidèlement rapporté, ce serait plutôt un homme de principes qu'un homme de faits, et, selon moi, c'est le bel éloge qu'on puisse faire de lui. De ce que cet homme d'État aurait trop présumé de la situation intellectuelle de l'Espagne en de certains jours, et trop douté de certains hommes, de ce qu'il aurait pris parfois des mesures intempestives ou incomplètes, et semé son idée sur des champs stériles où la semence devait être étouffée ou dévorée, c'est peut-être une raison suffisante pour qu'on lui dénie l'habileté d'exécution et la persistance de caractère nécessaires au succès immédiat de ses entreprises ; mais ce n'en est pas une pour que l'histoire, prise d'un point de vue plus philosophique qu'on ne le fait ordinairement, ne le signale un jour comme un des esprits les plus généreux et les plus ardemment progressifs de l'Espagne [1].

[1]. Cette pensée droite, ce sentiment élevé de l'histoire, a inspiré M. Marliani lorsqu'il a tracé l'éloge de M. Mendizabal en tête de la critique de son ministère : « ...Ce qu'on ne pourra jamais lui refuser, ce sont des qualités d'autant plus admirables qu'elles se sont rarement trouvées dans les hommes qui l'ont précédé au pouvoir : une foi vive dans l'avenir du pays, c'est un dévouement sans bornes à la cause de la liberté, c'est un sentiment passionné de nationalité, un élan sincère vers les idées progressives et même révolutionnaires pour opérer les réformes que réclame l'état de l'Espagne ; c'est une grande tolérance, une grande

Ces réflexions me vinrent souvent parmi les ruines des couvents de Majorque, lorsque j'entendais maudire son nom, et qu'il n'était peut-être pas sans inconvénient pour nous de le prononcer avec éloge et sympathie. Je me disais alors qu'en dehors des questions politiques du moment, pour lesquelles il m'est bien permis de n'avoir ni goût ni intelligence, il y avait un jugement synthétique que je pouvais porter sur les hommes et même sur les faits, sans crainte de m'abuser. Il n'est pas si nécessaire qu'on le croit et qu'on le dit de connaître directement une nation, d'en avoir étudié à fond les mœurs et la vie matérielle, pour se faire une idée droite, et concevoir un sentiment vrai de son histoire, de son avenir, de sa vie morale en un mot. Il me semble qu'il y a dans l'histoire générale de la vie humaine une grande ligne à suivre et qui est la même pour tous les peuples, et à laquelle se rattachent tous les fils de leur histoire particulière. Cette ligne, c'est le sentiment et l'action perpétuelle de l'idéal, ou, si l'on veut, de la perfectibilité, que les hommes ont porté en eux-mêmes, soit à l'état d'instinct aveugle, soit à l'état de théorie lumineuse. Les hommes vraiment éminents l'ont tous senti et pratiqué plus ou moins à leur manière, et les plus hardis, ceux qui en ont eu la plus lucide révélation, et qui ont frappé les plus grands coups dans le présent pour hâter le développement de l'avenir, sont ceux que les contemporains ont presque toujours le plus mal jugés. On les a flétris et condamnés sans les connaître, et ce n'est qu'en recueillant le fruit de leur travail qu'on les a replacés sur le piédestal d'où quelques déceptions passagères, quelques revers incompris les avaient fait descendre.

Combien de noms fameux dans notre révolution ont été tardivement et timidement réhabilités ! et combien leur mission et leur œuvre sont encore mal comprises et mal développées ! En Espagne, Mendizabal a été un des ministres les plus sévèrement jugés, parce qu'il a été le plus courageux, le seul courageux peut-être ; et l'acte qui marque sa courte puissance d'un souvenir ineffaçable, la destruction radicale des couvents, lui a été si durement reproché, que j'éprouve le besoin de protester ici en faveur de cette audacieuse résolution et de l'enivrement avec lequel le peuple espagnol l'adopta et la mit en pratique.

Du moins c'est le sentiment dont mon âme fut remplie soudainement à la vue de ces ruines que le temps n'a pas encore noircies, et qui, elles aussi, semblent protester contre le passé et proclamer le réveil de la vérité chez le peuple. Je ne crois pas avoir perdu le goût et le respect des arts, je ne sens pas en moi des instincts de vengeance et de barbarie ; enfin je ne suis pas de ceux qui disent que le culte du beau est inutile, et qu'il faut dégrader les monuments pour en faire des usines ; mais un couvent de l'inquisition rasé par le bras populaire est une page de l'histoire tout aussi grande, tout aussi instructive, tout aussi émouvante qu'un aqueduc romain ou un amphithéâtre. Une administration gouvernementale qui ordonnerait de sang-froid la destruction d'un temple, pour quelque raison d'utilité mesquine ou d'économie ridicule, ferait un acte grossier et coupable ; mais un chef politique qui, dans un jour de

générosité envers ses ennemis ; c'est enfin un désintéressement personnel qui lui a fait en tout temps et en toute occasion sacrifier ses intérêts à ceux de sa patrie, et qu'il a porté assez loin pour être sorti de ses différents ministères sans un ruban à sa boutonnière... Il est le premier ministre qui ait pris au sérieux la régénération de son pays. Son passage aux affaires a marqué un progrès réel. Le ministre paraît cette fois le langage du patriote. Il n'est pas la force d'abolir la censure ; mais il eut la générosité de délivrer la presse de toute entrave en faveur de ses ennemis comme lui-même. Il soumit ses actes administratifs au libre examen de l'opinion publique ; et quand une opposition violente s'éleva contre lui du sein des cortès, soulevée par ses anciens amis, il eut assez de grandeur d'âme pour respecter la liberté du député dans le fonctionnaire public. Il déclara à la tribune qu'il se coopérait la main plutôt que de signer la destitution d'un député qui avait été comblé de ses bienfaits et qui était devenu son plus ardent ennemi politique. Noble exemple donné par M. Mendizabal avec d'autant plus de mérite qu'il n'avait en ce genre aucun modèle à suivre ! Depuis il ne s'est pas trouvé de disciples de cette vertueuse tolérance. » (*Histoire politique de l'Espagne moderne*, par M. Marliani.)

cisif et périlleux, sacrifie l'art et la science à des biens plus précieux, la raison, la justice, la liberté religieuse, et un peuple qui, malgré ses instincts pieux, son amour pour la pompe catholique et son respect pour ses moines, trouve assez de cœur et de bras pour exécuter ce décret en un clin d'œil, font comme l'équipage battu de la tempête, qui se sauve en jetant ses richesses à la mer.

Pleure donc qui voudra sur les ruines! Presque tous ces monuments dont nous déplorons la chute sont des cachots où a langui durant des siècles, soit l'âme, soit le corps de l'humanité. Et viennent donc des poètes qui, au lieu de déplorer la fuite des jours de l'enfance du monde, célèbrent dans leurs vers, sur ces débris de hochets dorés et de férules ensanglantées, l'âge viril qui a su s'en affranchir! Il y a de bien beaux vers de Chamisso sur le château de ses ancêtres rasé par la révolution française. Cette pièce se termine par une pensée très-neuve en poésie, comme en politique :

« Béni sois-tu, vieux manoir, sur qui passe maintenant le soc de la charrue! et béni soit celui qui fait passer la charrue sur toi! »

Après avoir évoqué le souvenir de cette belle poésie, oserai-je transcrire quelques pages que m'inspira le couvent des dominicains? Pourquoi non, puisque aussi bien le lecteur doit s'armer d'indulgence, là où il s'agit pour lui de juger une pensée que l'auteur lui soumet en immolant son amour-propre et ses anciennes tendances? Puisse ce fragment, quel qu'il soit, jeter un peu de variété sur la sèche nomenclature d'édifices que je viens de faire!

IV.

LE COUVENT DE L'INQUISITION.

Parmi les décombres d'un couvent ruiné, deux hommes se rencontrèrent à la clarté sereine de la lune. L'un semblait à la fleur de l'âge, l'autre courbé sous le poids des années, et pourtant celui-là était le plus jeune des deux.

Tous deux tressaillirent en se trouvant face à face; car la nuit était avancée, la rue déserte, et l'heure sonnait lugubre et lente au clocher de la cathédrale.

Celui qui paraissait vieux prit le premier la parole :

« Qui que tu sois, dit-il, homme, ne crains rien de moi; je suis faible et brisé : n'attends rien de moi non plus, car je suis pauvre et nu sur la terre.

— Ami, répondit le jeune homme, je ne suis hostile qu'à ceux qui m'attaquent, et, comme toi, je suis trop pauvre pour craindre les voleurs.

— Frère, reprit l'homme aux traits flétris, pourquoi donc as-tu tressailli tout à l'heure à mon approche?

— Parce que je suis un peu superstitieux, comme tous les artistes, et que je t'ai pris pour le spectre d'un de ces moines qui ne sont plus, et dont nous foulons les tombes brisées. Et toi, l'ami, pourquoi as-tu également frémi à mon approche?

— Parce que je suis très-superstitieux, comme tous les moines, et que je t'ai pris pour le spectre d'un de ces moines qui m'ont renfermé vivant dans les tombes que tu foules.

— Que dis-tu? Es-tu donc un de ces hommes que j'ai avidement et vainement cherchés sur le sol de l'Espagne?

— Tu ne nous trouveras plus nulle part à la clarté du soleil; mais, dans les ombres de la nuit, tu pourras nous rencontrer encore. Maintenant ton attente est remplie; que veux-tu faire d'un moine?

— Le regarder, l'interroger, mon père; graver ses traits dans ma mémoire, afin de les retracer par la peinture; recueillir ses paroles, afin de les redire à mes compatriotes; le connaître enfin, pour me pénétrer de ce qu'il y a de mystérieux, de poétique et de grand dans la personne du moine et dans la vie du cloître.

— D'où te vient, ô voyageur! l'étrange idée que tu te fais de ces choses? N'es-tu pas d'un pays où la domination des papes est abattue, les moines proscrits, les cloîtres supprimés?

— Il est encore parmi nous des âmes religieuses envers le passé, et des imaginations ardentes frappées de la poésie du moyen âge. Tout ce qui peut nous en apporter un faible parfum, nous le cherchons, nous le vénérons, nous l'adorons presque. Ah! ne crois pas, mon père, que nous soyons tous des profanateurs aveugles. Nous autres artistes, nous haïssons ce peuple brutal qui souille et brise tout ce qu'il touche. Bien loin de ratifier ses arrêts de meurtre et de destruction, nous nous efforçons dans nos tableaux, dans nos poésies, sur nos théâtres, dans toutes nos œuvres enfin, de rendre la vie aux vieilles traditions, et de ranimer l'esprit de mysticisme qui engendra l'art chrétien, cet enfant sublime!

— Que dis-tu là, mon fils? Est-il possible que les artistes de ton pays libre et florissant s'inspirent ailleurs que dans le présent? Ils ont tant de choses nouvelles à chanter, à peindre, à illustrer! et ils vivraient, comme tu le dis, courbés sur la terre où dorment leurs aïeux? Ils chercheraient dans la poussière des tombeaux une inspiration riante et féconde, lorsque Dieu, dans sa bonté, leur a fait une vie si douce et si belle?

— J'ignore, bon religieux, en quoi notre vie peut être telle que tu te la représentes. Nous autres artistes, nous ne nous occupons point des faits politiques, et les questions sociales nous intéressent encore moins. Nous chercherions en vain la poésie dans ce qui se passe autour de nous. Les arts languissent, l'inspiration est étouffée, le mauvais goût triomphe, la vie matérielle absorbe les hommes; et, si nous n'avions pas le culte du passé et les monuments des siècles de foi pour nous retremper, nous perdrions entièrement le feu sacré que nous gardons à grand'peine.

— On m'avait dit pourtant que jamais le génie humain n'avait porté aussi loin que dans vos contrées la science du bonheur, les merveilles de l'industrie, les bienfaits de la liberté. On m'avait donc trompé?

— Si on t'a dit, mon père, qu'en aucun temps on n'avait puisé dans les richesses matérielles un si grand luxe, un tel bien-être, et, dans la ruine de l'ancienne société, une si effrayante diversité de goûts, d'opinions et de croyances, on t'a dit la vérité. Mais si on ne t'a pas dit que toutes ces choses, au lieu de nous rendre heureux, nous ont avilis et dégradés, on ne t'a pas dit toute la vérité.

— D'où peut donc venir un résultat si étrange? Toutes les sources du bonheur se sont empoisonnées sur vos lèvres, et ce qui fait l'homme grand, juste et bon, le bien-être et la liberté, vous a faits petits et misérables? Explique-moi ce prodige.

— Mon père, est-ce à moi de te rappeler que l'homme ne vit pas seulement de pain? Si nous avons perdu la foi, tout ce que nous avons acquis d'ailleurs n'a pu profiter à nos âmes.

— Explique-moi encore, mon fils, comment vous avez perdu la foi, alors que, les persécutions religieuses cessant chez vous, vous avez pu élargir vos âmes et lever vos yeux vers la lumière divine? C'était le moment de croire, puisque c'était le moment de savoir. Et, à ce moment-là, vous avez douté? Quel nuage a donc passé sur vos têtes?

— Le nuage de la faiblesse et de la misère humaines. L'examen n'est-il pas incompatible avec la foi, mon père?

— C'est comme si tu demandais, ô jeune homme! si la foi est compatible avec la vérité. Tu ne crois donc à rien, mon fils? ou bien tu crois au mensonge?

— Hélas! moi, je ne crois qu'à l'art. Mais n'est-ce pas assez pour donner à l'âme une force, une confiance et des joies sublimes?

— Je l'ignorais, mon fils, et je ne le comprends pas. Il y a donc encore chez vous quelques hommes heureux? Et toi-même, tu t'es donc préservé de l'abattement et de la douleur?

— Non, mon père; les artistes sont les plus malheureux, les plus indignés, les plus tourmentés des hommes; car ils voient chaque jour tomber plus bas l'objet de leur culte, et leurs efforts sont impuissants pour le relever.

— D'où vient que des hommes aussi pénétrés laissent périr les arts au lieu de les faire revivre?

— C'est qu'ils n'ont plus de foi, et que sans la foi il n'y a plus d'art possible.

— Ne viens-tu pas de me dire que l'art était pour toi une religion? Tu te contredis, mon fils, ou bien je ne sais pas te comprendre.

— Et comment ne serions-nous pas en contradiction avec nous-mêmes, ô mon père! nous autres à qui Dieu a confié une mission que le monde nous dénie, nous à qui le présent ferme les portes de la gloire, de l'inspiration, de la vie; nous qui sommes forcés de vivre dans le passé, et d'interroger les morts sur les secrets de l'éternelle beauté dont les hommes d'aujourd'hui ont perdu le culte et renversé les autels? Devant les œuvres des grands maîtres, et lorsque l'espérance de les égaler nous sourit, nous sommes remplis de force et d'enthousiasme; mais lorsqu'il faut réaliser nos rêves ambitieux, et qu'un monde incrédule et borné souffle sur nous le froid du dédain et de la raillerie, nous ne pouvons rien produire qui soit conforme à notre idéal, et la pensée meurt dans notre sein avant que d'éclore à la lumière.

Le jeune artiste parlait avec amertume, la lune éclairait son visage triste et fier, et le moine immobile le contemplait avec une surprise naïve et bienveillante.

— Asseyons-nous ici, dit ce dernier après un moment de silence, en s'arrêtant près de la balustrade massive d'une terrasse qui dominait la ville, la campagne et la mer. »

C'était à l'angle de ce jardin des dominicains, naguère riche de fleurs, de fontaines et de marbres précieux, aujourd'hui jonché de décombres et envahi par toutes les longues herbes qui poussaient avec tant de vigueur et de rapidité sur les ruines.

Le voyageur, dans son agitation, en froissa une dans sa main, et la jeta loin de lui avec un cri de douleur. Le moine sourit;

« Cette piqûre est vive, dit-il, mais elle n'est point dangereuse. Mon fils, cette ronce que tu touches sans ménagement et qui te blesse, c'est l'emblème de ces hommes grossiers dont tu te plaignais tout à l'heure. Ils envahissent les palais et les couvents. Ils montent sur les autels, et s'installent sur les débris des antiques splendeurs de ce monde. Vois avec quelle sève et quelle puissance ces herbes folles ont rempli les parterres où nous cultivions avec soin des plantes délicates et précieuses dont pas une n'a résisté à l'abandon! De même les hommes simples et à demi sauvages qu'on jetait dehors comme des herbes inutiles ont repris leurs droits, et ont étouffé cette plante vénéneuse qui croissait dans l'ombre et qu'on appelait l'inquisition.

— Ne pouvaient-ils donc l'étouffer sans détruire avec elle les sanctuaires de l'art chrétien et les œuvres du génie?

— Il fallait arracher la plante maudite, car elle était vivace et rampante. Il a fallu détruire jusque dans leurs fondements ces cloîtres où sa racine était cachée.

— Eh bien, mon père, ces herbes épineuses qui croissent à la place, en quoi sont-elles belles et à quoi sont-elles bonnes? »

Le moine rêva un instant et répondit:

« Comme vous me dites que vous êtes peintre, sans doute vous ferez un dessin d'après ces ruines?

— Certainement. Où voulez-vous en venir?

— Éviterez-vous de dessiner ces grandes ronces qui retombent en festons sur les décombres, et qui se balancent au vent, ou bien en ferez-vous un accessoire heureux de votre composition, comme je l'ai vu dans un tableau de Salvator Rosa?

— Elles sont les inséparables compagnes des ruines, et aucun peintre ne manque d'en tirer parti.

— Elles ont donc leur beauté, leur signification, et par conséquent leur utilité.

— Votre parabole n'en est pas plus juste, mon père; asseyez des mendiants et des bohémiens sur ces ruines,

elles n'en seront que plus sinistres et plus désolées. L'aspect du tableau y gagnera; mais l'humanité, qu'y gagne-t-elle?

— Un beau tableau peut-être, et à coup sûr une grande leçon. Mais vous autres artistes, qui donnez cette leçon-là, vous ne comprenez pas ce que vous faites, et vous ne voyez ici que des pierres qui tombent et de l'herbe qui pousse.

— Vous êtes sévère; vous qui parlez ainsi, on pourrait vous répondre que vous ne voyez dans cette catastrophe que votre prison détruite et votre liberté recouvrée; car je soupçonne, mon père, que le couvent n'était pas de votre goût.

— Et vous, mon fils, auriez-vous poussé l'amour de l'art et de la poésie jusqu'à vivre ici sans regret?

— Je m'imagine que c'eût été pour moi la plus belle vie du monde. Oh! que ce couvent devait être vaste et d'un noble style! Que ces vestiges annoncent de splendeur et d'élégance! Qu'il devait être doux de venir ici, le soir, respirer une douce brise et rêver au bruit de la mer, lorsque ces légères galeries étaient pavées de riches mosaïques, que des eaux cristallines murmuraient dans des bassins de marbre, et qu'une lampe d'argent s'allumait comme une pâle étoile au fond du sanctuaire! De quelle paix profonde, de quel majestueux silence vous deviez jouir lorsque le respect et la confiance des hommes vous entouraient d'une invincible enceinte, et qu'on se signait en baissant la voix chaque fois qu'on passait devant vos mystérieux portiques! Eh! qui n'eût voulu pouvoir abjurer tous les soucis, toutes les fatigues et toutes les ambitions de la vie sociale pour venir s'enterrer ici, dans le calme et l'oubli du monde entier, à la condition d'y rester artiste et d'y pouvoir consacrer dix ans, vingt ans peut-être, à un seul tableau qu'on eût poli lentement, comme un diamant précieux, et qu'on eût vu placer sur un autel, non pour y être jugé et critiqué par le premier ignorant venu, mais salué et invoqué comme une digne représentation de la Divinité même!

— Étranger, dit le moine d'un ton sévère, tes paroles sont pleines d'orgueil, et tes rêves ne sont que vanité. Dans cet art dont tu parles avec tant d'emphase et que tu fais si grand, tu ne vois que toi-même, et l'isolement que tu souhaiterais ne serait à tes yeux qu'un moyen de te grandir et de te déifier. Je comprends maintenant comment tu peux croire à cet art égoïste sans croire à aucune religion ni à aucune société. Mais peut-être n'as-tu pas mûri ces choses dans ton esprit avant de les dire; peut-être ignores-tu ce qui se passait dans ces antres de corruption et de terreur. Viens avec moi, et peut-être ce que je vais t'en apprendre changera tes sentiments et tes pensées. »

A travers des montagnes de décombres et des précipices incertains et croulants, le moine conduisit, non sans danger, le jeune voyageur au centre du monastère détruit; et là, à la place où avaient été les prisons, il le fit descendre avec précaution le long des parois d'un massif d'architecture épais de quinze pieds, que la bêche et la pioche avaient fendu dans toute sa profondeur. Au sein de cette affreuse croûte de pierre et de ciment s'ouvraient, comme des gueules béantes du sein de la terre, des loges sans air et sans jour, séparées les unes des autres par des massifs aussi épais que ceux qui pesaient sur leurs voûtes lugubres.

« Jeune homme, dit le moine, ces fosses que tu vois, ce ne sont pas des puits, ce ne sont pas même des tombes; ce sont les cachots de l'inquisition. C'est là que, durant plusieurs siècles, ont péri lentement tous les hommes qui, soit coupables, soit innocents devant Dieu, soit dégradés par le vice, soit égarés par la fureur, soit inspirés par le génie et la vertu, ont osé avoir une pensée différente de celle de l'inquisition.

« Ces pères dominicains étaient des savants, des lettrés, des artistes même. Ils avaient de vastes bibliothèques où les subtilités de la théologie, reliées dans l'or et la moire, étalaient sur des rayons d'ébène leurs marges reluisantes de perles et de rubis; et cependant l'homme, ce livre vivant où de sa propre main Dieu a écrit sa pensée, ils le descendaient vivant et le tenaient caché dans les entrailles de la terre. Ils avaient des vases d'argent ciselés, des calices étincelants de pierreries, des tableaux magnifiques et des madones d'or et d'ivoire; et cependant l'homme, ce vase d'élection, ce calice rempli de la grâce céleste, cette vivante image de Dieu, ils le livraient vivant au froid de la mort et aux vers du sépulcre. Tel d'entre eux cultivait des roses et des jonquilles avec autant de soin et d'amour qu'on en met à élever un enfant, qui voyait sans pitié son semblable, son frère, blanchir et pourrir dans l'humidité de la tombe.

« Voilà ce que c'est que le moine, mon fils, voilà ce que c'est que le cloître. Férocité brutale d'un côté, de l'autre lâche terreur; intelligence égoïste ou dévotion sans entrailles, voilà ce que c'est que l'inquisition.

« Et de ce qu'en ouvrant ces caves infectes à la lumière des cieux la main des libérateurs a rencontré quelques colonnes et quelques dorures qu'elle a ébranlées ou ternies, faut-il replacer la dalle du sépulcre sur les victimes expirantes, et verser des larmes sur le sort de leurs bourreaux, parce qu'ils vont manquer d'or et d'esclaves? »

L'artiste était descendu dans une des caves pour en examiner curieusement les parois. Un instant il essaya de se représenter la lutte que la volonté humaine, ensevelie vivante, pouvait soutenir contre l'horrible désespoir d'une telle captivité. Mais à peine ce tableau se fut-il peint à son imagination vive et impressionnable, qu'elle en fut remplie d'angoisse et de terreur. Il crut sentir ces voûtes glacées peser sur son âme; ses membres frémirent, l'air manqua à sa poitrine, il se sentit défaillir en voulant s'élancer hors de cet abîme, et il s'écria en étendant les bras vers le moine, qui était resté à l'entrée:

« Aidez-moi, mon père, au nom du ciel, aidez-moi à sortir d'ici!

— Eh bien, mon fils, dit le moine en lui tendant la main, ce que tu éprouves en regardant maintenant les étoiles brillantes sur ta tête, imagine comment je l'éprouvai lorsque je revis le soleil après dix ans d'un pareil supplice!

— Vous, malheureux moine! s'écria le voyageur en se hâtant de marcher vers le jardin; vous avez pu supporter dix ans de cette mort anticipée sans perdre la raison ou la vie? Il me semble que, si j'étais resté là un instant de plus, je serais devenu idiot ou furieux. Non, je ne croyais pas que la vue d'un cachot pût produire d'aussi subites, d'aussi profondes terreurs, et je ne comprends pas que la pensée s'y habitue et s'y soumette. J'ai vu les chambres de torture à Venise; j'ai vu aussi les cachots du palais ducal, avec l'impasse ténébreuse où l'on tombait frappé par une main invisible, et la dalle percée de trous par où le sang allait rejoindre les eaux du canal sans laisser de traces. Je n'ai eu là que l'idée d'une mort plus ou moins rapide. Mais dans ce cachot où je viens de descendre, c'est l'épouvantable idée de la vie qui se présente à l'esprit. O mon Dieu! être là et ne pouvoir mourir!

— Regarde-moi, mon fils, dit le moine en découvrant sa tête chauve et flétrie; je ne compte pas d'années que n'en révèlent ton visage mâle et ton front serein, et pourtant tu m'as pris sans doute pour un vieillard.

« Comment je méritai et comment je supportai ma lente agonie, il n'importe. Je ne demande pas ta pitié; je n'en ai plus besoin, heureux et jeune que je me sens aujourd'hui en regardant ces murs détruits et ces cachots vides. Je ne veux pas non plus t'inspirer l'horreur des moines; ils sont libres, je le suis aussi; Dieu est bon pour tous. Mais, puisque tu es artiste, c'était salutaire d'avoir connu une de ces émotions sans lesquelles l'artiste ne comprendrait pas son œuvre.

« Et maintenant tu veux peindre ces ruines sur lesquelles tu venais tout à l'heure pleurer le passé, et parmi lesquelles je reviens chaque nuit me prosterner pour remercier Dieu du présent; ta main et ton génie seront animés peut-être d'une pensée plus haute que celle d'un lâche regret ou d'une stérile admiration. Bien des monuments, qui sont pour les antiquaires des objets d'un prix infini, n'ont d'autre mérite que de rappeler les faits que l'humanité consacra par leur érection, et souvent ce furent des faits iniques ou puérils. Puisque tu as voyagé, tu as vu à Gênes un pont jeté sur un abîme, des quais gigantesques, une riche et pesante église coûteusement élevée dans un quartier désert par la vanité d'un patricien qui ne voulait point passer l'eau ni s'agenouiller dans un temple avec les dévots de sa paroisse. Tu as vu peut-être aussi ces pyramides d'Égypte qui sont l'effrayant témoignage de l'esclavage des nations, ou ces dolmens sur lesquels le sang humain coulait par torrents pour satisfaire la soif inextinguible des divinités barbares. Mais vous autres artistes, vous ne considérez, pour la plupart, dans les œuvres de l'homme que la beauté ou la singularité de l'exécution, sans vous pénétrer de l'idée dont cette œuvre est la forme. Ainsi votre intelligence adore souvent l'expression d'un sentiment que votre cœur repousserait s'il en avait conscience.

« Voilà pourquoi vos propres œuvres manquent souvent de la vraie couleur de la vie, surtout lorsque, au lieu d'exprimer celle qui circule dans les veines de l'humanité agissante, vous vous efforcez froidement d'interpréter celle des morts que vous ne voulez pas comprendre.

— Mon père, répondit le jeune homme, je comprends tes leçons et je ne les rejette pas absolument; mais crois-tu donc que l'art puisse s'inspirer d'une telle philosophie? Tu expliques, avec la raison de notre âge, ce qui fut conçu dans un poétique délire par l'ingénieuse superstition de nos pères. Si, au lieu des riantes divinités de la Grèce, nous mettions à nos banales allégories cachées sous leurs formes voluptueuses; si, au lieu de la divine madone des Florentins, nous peignions, comme les Hollandais, une robuste servante d'estaminet; enfin, si nous faisions de Jésus, fils de Dieu, un philosophe de l'école de Platon; au lieu de divinités n'aurions plus que des hommes, de même qu'ici, au lieu d'un temple chrétien, nous n'avons plus sous les yeux qu'un monceau de pierres.

— Mon fils, reprit le moine, si les Florentins ont donné des traits divins à la Vierge, c'est parce qu'ils y croyaient encore; et si les Hollandais lui ont donné des traits vulgaires, c'est parce qu'ils n'y croyaient déjà plus. Et vous vous flattez aujourd'hui de peindre des sujets sacrés, vous qui ne croyez qu'à l'art, c'est-à-dire à vous-mêmes! vous ne réussirez jamais. N'essayez donc de retracer que ce qui est palpable et vivant pour vous. »

« Si j'avais été peintre, moi, j'aurais fait un beau tableau consacré à retracer le jour de ma délivrance; j'aurais représenté des hommes hardis et robustes, le marteau dans une main et le flambeau dans l'autre, pénétrant dans ces limbes de l'inquisition que je viens de te montrer, et relevant de la dalle fétide des spectres à l'œil terne, au sourire effaré. On aurait vu, en guise d'auréole, au-dessus de toutes ces têtes, la lumière des cieux tombant sur elles par la fente des voûtes brisées, et c'eût été un sujet aussi beau, aussi approprié à mon temps que le Jugement dernier de Michel-Ange le fut au sien: car ces hommes du peuple, aussi laids et grossiers et si méprisables dans l'œuvre de la destruction, m'apparurent plus beaux et plus nobles que tous les anges du ciel; et même pour toi cette ruine, qui est pour toi un objet de tristesse et de consternation, est pour moi un monument plus religieux qu'il ne le fut jamais avant sa chute.

« Si j'étais chargé d'ériger un autel destiné à transmettre aux âges futurs un témoignage de la grandeur et de la puissance du nôtre, je n'en voudrais pas d'autre que cette montagne de débris, au faîte de laquelle j'écrirais ceci sur la pierre consacrée:

« Au temps de l'ignorance et de la cruauté, les hommes adorèrent sur cet autel le Dieu des vengeances et des supplices. Au jour de la justice, et au nom de l'hu-

Armoiries.

manité, les hommes ont renversé ces autels sanguinaires, abominables au Dieu de miséricorde. »

V.

Ce n'est pas à Palma, mais à Barcelone, dans les ruines de la maison de l'inquisition, que j'ai vu ces cachots creusés dans des massifs de quatorze pieds d'épaisseur. Il est fort possible qu'il n'y eût point de prisonniers dans ceux de Palma lorsque le peuple y pénétra. Il est bon de demander grâce à la susceptibilité majorquine pour la *licence poétique* que j'ai prise dans le fragment qu'on vient de lire.

Cependant je dois dire que, comme on n'invente rien qui n'ait un certain fonds de vérité, j'ai vu à Majorque, un prêtre, aujourd'hui curé d'une paroisse de Palma, qui m'a dit avoir passé sept ans de sa vie, *la fleur de sa jeunesse*, dans les prisons de l'inquisition, et n'en être sorti que par la protection d'une dame qui lui portait un vif intérêt. C'était un homme dans la force de l'âge, avec des yeux fort vifs et des manières enjouées. Il ne paraissait pas regretter beaucoup le régime du saint office.

A propos de ce couvent des dominicains, je citerai un passage de Grasset de Saint-Sauveur, qu'on ne peut accuser de partialité; car il fait, au préalable, un pompeux éloge des inquisiteurs avec lesquels il a été en relation à Majorque :

« On voit cependant encore dans le cloître de Saint-Dominique des peintures qui rappellent la barbarie exercée autrefois sur les juifs. Chacun des malheureux qui ont été brûlés est représenté dans un tableau au bas duquel sont écrits son nom, son âge, et l'époque où il fut victimé.

« On m'a assuré qu'il y a peu d'années les descendants de ces infortunés, formant aujourd'hui une classe particulière parmi les habitants de Palma, sous la ridicule dénomination de *chouettes*, avaient en vain offert des sommes assez fortes pour obtenir qu'on effaçât ces monuments affligeants. Je me suis refusé à croire ce fait...

« Je n'oublierai cependant jamais qu'un jour, me

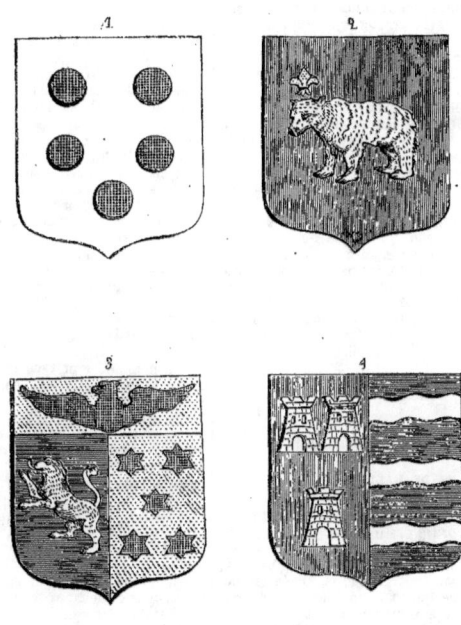

Armoiries. (Page 27.)

promenant dans le cloître des dominicains, je considérais avec douleur ces tristes peintures : un moine s'approcha de moi, et me fit remarquer parmi ces tableaux plusieurs marqués d'ossements en croix. — Ce sont, me dit-il, les portraits de ceux dont les cendres ont été exhumées et jetées au vent.

« Mon sang se glaça ; je sortis brusquement, le cœur navré et l'esprit frappé de cette scène.

« Le hasard fit tomber entre mes mains une relation imprimée en 1755 par l'ordre de l'inquisition, contenant les noms, surnoms, qualités et délits des malheureux sentenciés à Majorque depuis l'année 1645 jusqu'en 1691.

« Je lus en frémissant cet écrit : j'y trouvai quatre Majorquins, dont une femme, brûlés vifs pour cause de judaïsme ; trente-deux autres morts, pour le même délit, dans les cachots de l'inquisition, et dont les corps avaient été brûlés ; trois dont les cendres ont été exhumées et jetées au vent ; un Hollandais accusé de luthéranisme ; un Majorquin, de mahométisme ; six Portugais, dont une femme, et sept Majorquins, prévenus de judaïsme, brûlés en effigie, ayant eu le bonheur de s'é- chapper. Je comptai deux cent seize autres victimes, Majorquins et étrangers, accusés de judaïsme, d'hérésie ou de mahométisme, sortis des prisons, après s'être rétractés publiquement et remis dans le sein de l'Église. »

Cet affreux catalogue était clôturé par un arrêté de l'inquisition non moins horrible.

M. Grasset donne ici le texte espagnol, dont voici la traduction exacte :

« Tous les coupables mentionnés dans cette relation ont été publiquement condamnés par le saint-office, comme hérétiques formels ; tous leurs biens confisqués et appliqués au fisc royal ; déclarés inhabiles et incapables d'occuper ni d'obtenir ni dignités ni bénéfices, tant ecclésiastiques que séculiers, ni autres offices publics ni honorifiques ; ne pouvant porter sur leurs personnes, ni faire porter à celles qui en dépendent, ni or ni argent, perles, pierres précieuses, corail, soie, camelot, ni drap fin ; ni monter à cheval, ni porter des armes, ni exercer et user des autres choses qui, par droit commun, lois et pragmatiques de ce royaume, instructions et style du saint-office, sont prohibées à des individus ainsi dégradés ; la même prohibition s'étendant, pour les femmes condamnées au feu, à leurs fils et à leurs filles, et pour les hommes jusqu'à leurs petits-fils en ligne masculine ; condamnant en même temps la mémoire de ceux exécutés en effigie, ordonnant que leurs ossements (pouvant les distinguer de ceux des fidèles chrétiens) soient exhumés, remis à la justice et au bras séculier, pour être brûlés et réduits en cendres ; que l'on effacera ou raclera toutes inscriptions qui se trouveraient sur les sépultures, ou armes, soit apposées, soit peintes, en quelque lieu que ce soit, de manière *qu'il ne reste d'eux, sur la face de la terre, que la mémoire de leur sentence et de son exécution.* »

Quand on lit de semblables documents, si voisins de notre époque, et quand on voit l'invincible haine qui, après douze ou quinze générations de juifs convertis au christianisme, poursuit encore aujourd'hui cette race infortunée à Majorque, on ne saurait croire que l'esprit de l'inquisition y fût éteint aussi parfaitement qu'on le dit à l'époque du décret de Mendizabal.

Je ne terminerai pas cet article, et je ne sortirai pas du couvent de l'inquisition sans faire part à mes lecteurs d'une découverte assez curieuse, dont tout l'honneur revient à M. Tastu, et qui eût fait, il y a trente ans, la fortune de cet érudit, à moins qu'il ne l'eût, d'un cœur joyeux, portée au maître du monde, sans songer à en tirer parti pour lui-même, supposition qui est bien plus conforme que l'autre à son caractère d'artiste insouciant et désintéressé.

Cette note est trop intéressante pour que j'essaie de la tronquer. La voici telle qu'elle a été remise entre mes mains, avec l'autorisation de la publier.

COUVENT DE SAINT-DOMINIQUE,

A PALMA DE MALLORCA.

Un compagnon de saint Dominique, Michel de Fabra, fut le fondateur de l'ordre des frères prêcheurs à Mallorca. Il était originaire de la Vieille-Castille, et accompagnait Jacques Ier à la conquête de la grande Baléare, en 1229. Son instruction était grande et variée, sa dévotion remarquable ; ce qui lui donnait auprès du *Conquistador*, de ses nobles compagnons, et des soldats même, une puissante autorité. Il haranguait les troupes, célébrait le service divin, donnait la communion aux assistants et combattait les infidèles, comme le faisaient à cette époque les ecclésiastiques. Les Arabes disaient que la sainte Vierge et le père Michel seuls les avaient conquis. Les soldats aragonais-catalans priaient, dit-on, après Dieu et la sainte Vierge, le père Michel Fabra.

L'illustre dominicain avait reçu l'habit de son ordre à Toulouse des mains de son ami Dominique : il fut envoyé par lui à Paris avec deux autres compagnons pour y remplir une mission importante. Ce fut lui qui établit à Palma le premier couvent des dominicains, au moyen d'une donation que lui fit le procureur du premier évêque de Mallorca, D. J. R. de Torella : ceci se passait en l'an 1231.

Une mosquée et quelques toises de terrain qui en dépendaient servirent à la première fondation. Les frères prêcheurs agrandirent plus tard la communauté, au moyen d'un commerce lucratif de toute espèce de marchandises, et des donations assez fréquentes qui leur étaient faites par les fidèles. Cependant le premier fondateur, frère de Michel de Fabra, était allé mourir à Valence, qu'il avait aidé à conquérir.

Jaime Fabra fut l'architecte du couvent des dominicains. On ne dit pas que celui-ci fût de la famille du père Michel, son homonyme ; on sait seulement qu'il donna ses plans vers 1296, comme il traça plus tard ceux de la cathédrale de Barcelone (1317), et bien d'autres sur les terres des rois d'Aragon.

Le couvent et son église ont dû éprouver bien des changements avec temps, si l'on compare un instant, comme nous l'avons fait, les diverses parties des monuments ruinés par la mine. Ici reste à peine debout un riche portail, dont le style tient du quatorzième siècle ; mais plus loin, faisant partie du monument, ces arches brisées, ces lourdes clefs de voûte gisantes sur les décombres, vous annoncent que des architectes autres que Jaime Fabra, mais bien inférieurs à lui, ont passé par là.

Sur ces vastes ruines où il n'est resté debout que quelques palmiers séculaires, conservés à notre instante prière, nous avons pu déplorer, comme nous l'avons fait sur celles des couvents de Sainte-Catherine et de Saint-François de Barcelone, que la froide politique eût seule présidé à ces démolitions faites sans discernement.

En effet, l'art et l'histoire n'ont rien perdu à voir tomber les couvents de Saint-Jérôme à Palma, ou le couvent de Saint-François qui bordait en la gênant la *muralla de Mar* à Barcelone ; mais, au nom de l'histoire, au nom de l'art, pourquoi ne pas conserver, comme monuments, les couvents de Sainte-Catherine de Barcelone et celui de Saint-Dominique de Palma, dont les nefs abritaient les tombes des gens de bien, *las sepulturas de personas de bé*, comme le dit un petit cahier que nous avons eu entre les mains, et qui faisait partie des archives du couvent ? On y lisait, après les noms de N. Cotoner, grand maître de Malte, ceux des Dameto, des Muntaner, des Villalonga, des La Romana, des *Bonapart !* Ce livre, ainsi que tout ce qui était le couvent, appartient aujourd'hui à l'entrepreneur des démolitions.

Cet homme, vrai type mallorquin, dont le premier abord vous saisit, mais ensuite vous captive et vous rassure, voyant l'intérêt que nous prenions à ces ruines, à ces souvenirs historiques, et d'ailleurs, comme tout homme du peuple, partisan du grand Napoléon, s'empressa de nous indiquer la tombe armoriée des *Bonapart*, ses aïeux, car telle est la tradition mallorquine. Elle nous a paru assez curieuse pour faire quelques recherches à ce sujet ; mais, occupé d'autres travaux, nous n'avons pu y donner le temps et l'attention nécessaires pour les compléter.

Nous avons retrouvé les armoiries des *Bonapart*, qui sont :

Parti d'azur, chargé de six étoiles d'or, à six pointes, deux, deux et deux, et de gueules, au lion d'or léopardé, au chef d'or, chargé d'un aigle naissant de sable ;

1° Dans un nobiliaire, ou livre de blason, qui fait partie des richesses renfermées dans la bibliothèque de M. le comte de Montenegro, nous avons pris un *fac-simile* de ces armoiries ;

2° A Barcelone, dans un autre nobiliaire espagnol, moins beau d'exécution, appartenant au savant archiviste de la couronne d'Aragon, et dans lequel on trouve, à la date du 15 juin 1549, les preuves de noblesse de la famille des Fortuny, au nombre desquelles figure, parmi les quatre quartiers, celui de l'aïeule maternelle, qui était de la maison de *Bonapart*.

Dans le registre : *Indice : Pedro III*, tome II des archives de la couronne d'Aragon, se trouvent mentionnés deux actes à la date de 1276, relatifs à des membres de la famille *Bonpar*. Ce nom, d'origine provençale ou languedocienne, en subissant, comme tant d'autres à la même époque, l'altération mallorquine, serait devenu *Bonapart*.

En 1411, *Hugo Bonapart*, natif de Mallorca, passa dans l'île de Corse en qualité de *régent* ou gouverneur pour le roi Martin d'Aragon ; et c'est à lui qu'on ferait remonter l'origine des *Bonaparte*, ou, comme on a dit plus tard ; *Buonaparte ;* ainsi *Bonapart* est le nom ancien, *Bonaparte* l'italien ancien, et *Buonaparte* l'italien moderne. On sait que les membres de la famille de Napoléon signaient indifféremment *Bonaparte* ou *Buonaparte*.

Qui sait l'importance que ces légers indices, découverts quelques années plus tôt, auraient pu acquérir, s'ils avaient servi à démontrer à Napoléon, qui tenait tant à être Français, que sa famille était originaire de France?

Pour n'avoir plus la même valeur politique aujourd'hui, la découverte de M. Tastu n'en est pas moins intéressante, et si j'avais quelque voix au chapitre des fonds destinés aux lettres par le gouvernement français, je procurerais à ce bibliographe les moyens de la compléter.

Il importe assez peu aujourd'hui, j'en conviens, de s'assurer de l'origine française de Napoléon. Ce grand capitaine, qui, dans mes idées (j'en demande bien pardon à la mode), n'est pas un si grand prince, mais qui, de sa nature personnelle, était certes un grand homme, a bien su se faire adopter par la France, et la postérité ne lui demandera pas si ses ancêtres furent Florentins, Corses, Majorquins ou Languedociens; mais l'histoire sera toujours intéressée à lever le voile qui couvre cette race prédestinée, où Napoléon n'est certes pas un accident fortuit, un fait isolé. Je suis sûr qu'en cherchant bien, on trouverait dans les générations antérieures de cette famille des hommes ou des femmes dignes d'une telle descendance, et ici les blasons, ces insignes dont la loi d'égalité a fait justice, mais dont l'historien doit toujours tenir compte, comme de monuments très-significatifs, pourraient bien jeter quelque lumière sur la destinée guerrière ou ambitieuse des anciens Bonaparte.

En effet, jamais écu fut-il plus fier et plus symbolique que celui de ces chevaliers majorquins? Ce lion dans l'attitude du combat, ce ciel parsemé d'étoiles d'où cherche à se dégager l'aigle prophétique, n'est-ce pas comme l'hiéroglyphe mystérieux d'une destinée peu commune? Napoléon, qui aimait la poésie des étoiles avec une sorte de superstition, et qui donnait l'aigle pour blason à la France, avait-il donc connaissance de son écu majorquin, et, n'ayant pu remonter jusqu'à la source présumée des Bonpar provençaux, gardait-il le silence sur ses aïeux espagnols? C'est le sort des grands hommes, après leur mort, de voir les nations se disputer leurs berceaux ou leurs tombes.

BONAPART.

(Tiré d'un armorial MS., contenant les blasons des principales familles de Mallorca, etc., etc. Le MS. appartenait à D. Juan Dameto, croniste de Mallorca, mort en 1633, et se conserve dans la bibliothèque du comte de Montenegro. Le MS. est du seizième siècle.)

Mallorca, 20 septembre 1837.

M. TASTU.

PROVAS DE PERA FORTUNY A 13 DE JUNY DE 1549.

N° 1.
FORTUNY,
SON PARE, SOLAR DE MALLORCA.

FORTUNY,

Son père, ancienne maison noble de Mallorca.
Camp de plata, cinq torteus negres, en dos, dos, y un.
Champ d'argent, cinq tourteaux de sable, deux, deux et un.

N° 2.
COS,
SA MARE, SOLAR DE MALLORCA.

COS,

Sa mère, maison noble de Mallorca.
Camp vermell; un os de or, portant una flor de lliri sobre lo cap, del mateix.

Champ de gueules, ours d'or couronné d'une fleur de lis de même.

N° 3.
BONAPART,
SA AVIA PATERNA, SOLAR DE MALLORCA.

BONAPART,

Son aïeule paternelle, ancienne maison noble de Mallorca.
Ici manquait l'explication du blason : les différences proviennent de celui qui a peint ce nobiliaire : il n'a pas tenu compte qu'il décalquait; d'ailleurs il a manqué d'exactitude.

N° 4.
GARI,
SA AVIA MATERNA, SOLAR DE MALLORCA.

GARI,

Son aïeule maternelle, ancienne maison noble de Mallorca.
Partit en pal, primor vermell, ab tres torres de plata, en dos, y una; segon blau, ab tres faxas ondeades, de plata.
Parti de gueules et d'azur, trois tours d'argent, deux, une, et trois fasces ondées, d'argent.

TROISIÈME PARTIE.

I.

Nous partîmes pour Valldemosa, vers la mi-décembre, par une matinée sereine, et nous allâmes prendre possession de notre chartreuse au milieu d'un de ces beaux rayons de soleil d'automne qui allaient devenir de plus en plus rares pour nous. Après avoir traversé les plaines fertiles d'Establiments, nous atteignîmes des vagues terrains, tantôt boisés, tantôt secs et pierreux, tantôt humides et frais, et partout cahotés de mouvements abrupts qui ne ressemblaient à rien.

Nulle part, si ce n'est en quelques vallées des Pyrénées, la nature ne s'était montrée à moi aussi libre dans ses allures que sur ces bruyères de Majorque, espaces assez vastes, et qui portaient dans mon esprit un certain démenti à cette culture si parfaite à laquelle les Majorquins se vantent d'avoir soumis tout leur territoire.

Je ne songeais pourtant pas à leur en faire un reproche; car rien n'est plus beau que ces terrains négligés qui produisent tout ce qu'ils veulent, et qui ne se font faute de rien : arbres tortueux, penchés, échevelés; roches affreuses, fleurs magnifiques, tapis de mousses et de joncs, câpriers épineux, asphodèles délicates et charmantes; et toutes choses prenant là les formes qu'il plaît à Dieu, ravin, colline, sentier pierreux s'enfonçant tout à coup dans une carrière, chemin verdoyant s'enfonçant dans un ruisseau trompeur, prairie ouverte à tout venant et s'arrêtant bientôt devant une montagne à pic; puis des taillis semés de gros rochers qu'on dirait tombés du ciel, des chemins creux au bord du torrent entre des buissons de myrte et de chèvrefeuille; enfin une ferme jetée comme une oasis au sein de ce désert, élevant son palmier comme une vigie pour guider le voyageur dans la solitude.

La Suisse et le Tyrol n'ont pas eu pour moi cet aspect de création libre et primitive qui m'a tant charmé à Majorque. Il me semblait que, dans les sites les plus sauvages des montagnes helvétiques, la nature, livrée à de trop rudes influences atmosphériques, n'échappait à la main de l'homme pour recevoir du ciel de plus dures contraintes, et pour subir, comme une âme fougueuse livrée à elle-même, l'esclavage de ses propres déchirements. A Majorque, elle fleurit sous les baisers d'un ciel ardent, et sourit sous les coups des tièdes bourrasques qui la rasent en courant les mers. La fleur couchée se relève plus vivace, le tronc brisé enfante de plus nombreux rejetons après l'orage; et quoiqu'il n'y ait point, à vrai dire, de lieux déserts dans cette île, l'absence de chemins frayés lui donne un air d'abandon ou de révolte qui doit la faire ressembler à ces belles savanes de la Louisiane, où, dans les rêves chéris de ma jeunesse, je suivais René en cherchant les traces d'Atala ou de Chactas.

Je suis bien sûr que cet éloge de Majorque ne plairait guère aux Majorquins, et qu'ils ont la prétention d'avoir des chemins très-agréables. Agréables à la vue, je ne le nie pas; mais praticables aux voitures, vous allez en juger.

La voiture *a volonté* du pays est la *tartane*, espèce de coucou-omnibus conduit par un cheval ou par un mulet, et sans aucune espèce de ressort; ou le *birlucho*, sorte de cabriolet à quatre places, portant sur son brancard comme la tartane, comme elle douée de roues solides, de ferrures massives, et garni à l'intérieur d'un demi-pied de bourre de laine. Une telle doublure vous donne bien un peu à penser quand vous vous installez pour la première fois dans ce véhicule aux abords doucereux!. Le cocher s'assied sur une planchette qui lui sert de siége, les pieds écartés sur les brancards, et la croupe du cheval entre les jambes, de sorte qu'il a l'avantage de sentir non-seulement tous les cahots de sa brouette, mais encore tous les mouvements de sa bête, et d'être ainsi en carrosse et à cheval en même temps. Il ne paraît point mécontent de cette façon d'aller, car il chante tout le temps, quelque effroyable secousse qu'il reçoive, et il ne s'interrompt que pour proférer d'un air flegmatique des jurements épouvantables lorsque son cheval hésite à se jeter dans quelque précipice, ou à grimper quelque muraille de rochers.

Car c'est ainsi qu'on se promène : ravins, torrents, fondrières, haies vives, fossés, se présentent en vain; on ne s'arrête pas pour si peu. Tout cela s'appelle d'ailleurs le chemin.

Au départ, vous prenez cette course au clocher pour une gageure de mauvais goût, et vous demandez à votre guide quelle mouche le pique. — C'est le chemin, vous répond-il. — Mais cette rivière? — C'est le chemin. — Et ce trou profond? — Le chemin. — Et ce buisson aussi? — Toujours le chemin. — A la bonne heure!

Alors vous n'avez rien de mieux à faire que de prendre votre parti, de bénir le matelas qui tapisse la caisse de la voiture, et sans lequel vous auriez infailliblement les membres brisés, de remettre votre âme à Dieu, et de contempler le paysage en attendant la mort ou un miracle.

Et pourtant vous arrivez quelquefois sain et sauf, grâce au peu de balancement de la voiture, à la solidité des jambes du cheval, et peut-être à l'incurie du cocher, qui la laisse faire, se croise les bras et fume tranquillement son cigare, tandis qu'une roue court sur la montagne et l'autre dans le ravin.

On s'habitue très-vite à un danger dont on voit les autres ne tenir aucun compte : pourtant le danger est fort réel. On ne verse pas toujours; mais, quand on verse, on ne se relève guère. M. Tastu avait éprouvé l'année précédente un accident de ce genre sur notre route d'Établiments, et il était resté pour mort sur la place. Il en a gardé d'horribles douleurs à la tête, qui ne refroidissent pourtant pas son désir de retourner à Majorque.

Les personnes du pays ont presque toutes une sorte de voiture, et les nobles ont de ces carrosses du temps de Louis XIV, à baie évasée, quelques-uns à huit glaces, et dont les roues énormes bravent tous les obstacles. Quatre ou six fortes mules traînent légèrement ces lourdes machines mal suspendues, pompeusement disgracieuses, mais spacieuses et solides, dans lesquelles on franchit au galop et avec une incroyable audace les plus effrayants défilés, non sans en rapporter quelques

contusions, bosses à la tête, et tout au moins de fortes courbatures.

Le grave Miguel de Vargas, auteur vraiment espagnol, qui ne plaisante jamais, parle en ces termes de *los horrorosos caminos* de Mallorca : « En cuyo esencial ramo « de policia no se puede ponderar bastantemente el « abandono de esta Balear. El que llaman camino es « una *cadena* de precipicios intratables, y el transito « desde Palma hasta los montes de Galatzo presenta al « infeliz pasagero la muerte a cada paso, » etc.

Aux environs des villes, les chemins sont un peu moins dangereux; mais ils ont le grave inconvénient d'être resserrés entre deux murailles ou deux fossés qui ne permettent pas à deux voitures de se rencontrer. Le cas échéant, il faut dételer les bœufs de la charette ou les chevaux de la voiture, et que l'un des deux équipages s'en aille à reculons, souvent pendant un long trajet. Ce sont alors d'interminables contestations pour savoir qui prendra ce parti; et, pendant ce temps, le voyageur, retardé n'a rien de mieux à faire qu'à répéter la devise majorquine : *mucha calma*, pour son édification particulière.

Avec le peu de frais où se mettent les Majorquins pour entretenir leurs routes, ils ont l'avantage d'avoir de ces routes-là à discrétion. On n'a que l'embarras du choix. J'ai fait trois fois seulement la route de la Chartreuse à Palma, et réciproquement; six fois j'ai suivi une route différente, et six fois le *birlucho* s'est perdu et nous a fait errer par monts et par vaux, sous prétexte de chercher un septième chemin qu'il disait être le meilleur de tous, et qu'il n'a jamais trouvé.

De Palma à Valldemosa on compte trois lieues, mais trois lieues majorquines, qu'on ne fait pas, en trottant bien, en moins de trois heures. On monte insensiblement pendant les deux premières; à la troisième, on entre dans la montagne et on suit une rampe très-unie (ancien travail des chartreux vraisemblablement), mais très-étroite, horriblement rapide, et plus dangereuse que tout le reste du chemin.

Là on commence à saisir le côté alpestre de Majorque; mais c'est en vain que les montagnes se dressent de chaque côté du torrent, c'est en vain le torrent bondit de roche en roche; c'est seulement dans le cœur de l'hiver que ces lieux prennent l'aspect sauvage que les Majorquins leur attribuent. Au mois de décembre, et malgré les pluies récentes, le torrent était encore un charmant ruisseau courant parmi des touffes d'herbes et de fleurs; la montagne était riante, et le vallon encaissé de Valldemosa s'ouvrit devant nous comme un jardin printanier.

Pour atteindre la Chartreuse, il faut mettre pied à terre; car aucune charrette ne peut gravir le chemin pavé qui y mène, chemin admirable à l'œil par son mouvement hardi, ses délicats parsemis de beaux arbres, et les sites ravissants qui se déroulent à chaque pas, grandissant de beauté à mesure qu'on s'élève. Je n'ai rien vu de plus riant, et de plus mélancolique en même temps, que ces perspectives où le chêne vert, le caroubier, le pin, l'olivier, le peuplier et le cyprès marient leurs nuances variées en berceaux profonds; véritables abîmes de verdure, où le torrent précipite sa course sous des buissons d'une richesse somptueuse et d'une grâce inimitable. Je n'oublierai jamais un certain détour de la gorge où, en se retournant, on distingue, au sommet d'un mont, une de ces jolies maisonnettes arabes que j'ai décrites, à demi cachée dans les raquettes de ses nopals, et un grand palmier qui se penche sur l'abîme en dessinant sa silhouette dans les airs. Quand la vue des boues et des brouillards de Paris me jette dans le spleen, je ferme les yeux, et je revois comme dans un rêve cette montagne verdoyante, ces roches fauves et ce palmier solitaire perdu dans un ciel rose.

La chaîne de Valldemosa s'élève de plateaux en plateaux resserrés jusqu'à une sorte d'entonnoir entouré de hautes montagnes et fermé au nord par le versant d'un dernier plateau à l'entrée duquel repose le monastère. Les chartreux ont adouci, par un travail immense, l'âpreté de ce lieu romantique. Ils ont fait du vallon qui termine la chaîne un vaste jardin ceint de murailles qui ne gênent point la vue, et auquel une bordure de cyprès à forme pyramidale, disposés deux à deux sur divers plans, donne l'aspect *arrangé* d'un cimetière d'opéra.

Ce jardin, planté de palmiers et d'amandiers, occupe tout le fond incliné du vallon, et s'élève en vastes gradins sur les premiers plans de la montagne. Au clair de la lune, et lorsque l'irrégularité de ces gradins est dissimulée par les ombres, on dirait d'un amphithéâtre taillé pour des combats de géants. Au centre et sous un groupe de beaux palmiers, un réservoir en pierre reçoit les eaux de source de la montagne, et les déverse aux plateaux inférieurs par des canaux en dalles, tout semblables à ceux qui arrosent les alentours de Barcelone. Ces ouvrages sont trop considérables et trop ingénieux pour n'être pas, à Majorque comme en Catalogne, un travail des Maures. Ils parcourent tout l'intérieur de l'île, et ceux qui partent du jardin des chartreux, côtoyant le lit du torrent, portent à Palma une eau vive en toute saison.

La Chartreuse, située au dernier plan de ce col de montagnes, s'ouvre au nord sur une vallée spacieuse qui s'élargit et s'élève en pente douce jusqu'à la côte escarpée dont la mer frappe et ronge la base. Un des bras de la chaîne s'en va vers l'Espagne, et l'autre vers l'orient. De cette chartreuse pittoresque on domine donc la mer des deux côtés. Tandis qu'on l'entend gronder au nord, on aperçoit comme une faible ligne brillante au delà des montagnes qui s'abaissent, et l'immense plaine qui se déroule au midi ; tableau sublime, encadré au premier plan par de noirs rochers couverts de sapins, au second par des montagnes au profil hardiment découpé et frangé d'arbres superbes, au troisième et au quatrième par des mamelons arrondis que le soleil couchant dore des nuances les plus chaudes, et sur la croupe desquels l'œil distingue encore, à une lieue de distance, la silhouette microscopique des arbres, fine comme l'antenne des papillons, noire et nette comme un trait de plume à l'encre de Chine sur un fond d'or étincelant. Ce fond lumineux, c'est la plaine ; et à cette distance, lorsque les vapeurs de la montagne commencent à s'exhaler et à jeter un voile transparent sur l'abîme, on croirait que c'est déjà la mer. Mais la mer est encore plus loin, et, au retour du soleil, quand la plaine est comme un lac bleu, la Méditerranée trace une bande d'argent vif aux confins de cette perspective éblouissante.

C'est une de ces vues qui accablent parce qu'elles ne laissent rien à désirer, rien à imaginer. Tout ce que le poète et le peintre peuvent rêver, la nature l'a créé en cet endroit. Ensemble immense, détails infinis, variété inépuisable, formes confuses, contours accusés, vagues profondeurs, tout est là, et l'art n'y peut rien ajouter. L'esprit ne suffit pas toujours à goûter et à comprendre l'œuvre de Dieu ; et s'il fait un retour sur lui-même, c'est pour sentir son impuissance à créer une expression quelconque de cette immensité de vie qui le subjugue et l'enivre. Je conseillerais aux gens que la vanité de l'art dévore, de bien regarder de tels sites et de les regarder souvent. Il me semble qu'ils y prendraient pour cet art divin qui préside à l'éternelle création des choses un certain respect qui leur manque, à ce que je m'imagine d'après l'emphase de leur forme.

Quant à moi, je n'ai jamais mieux senti le néant des mots que dans ces heures de contemplation passées à la Chartreuse. Il me venait bien des élans religieux ; mais il ne m'arrivait pas d'autre formule d'enthousiasme que celle-ci : Bon Dieu, béni sois-tu pour m'avoir donné de bons yeux !

Au reste, je crois que si la jouissance accidentelle de ces spectacles sublimes est rafraîchissante et salutaire, leur continuelle possession est dangereuse. On s'habitue à vivre sous l'empire de la sensation, et la loi qui préside à tous les abus de la sensation, c'est l'énervement. C'est ainsi que l'on peut s'expliquer l'indifférence des moines en général pour la poésie de leurs monastères, et celle des paysans et des pâtres pour la beauté de leurs montagnes.

Nous n'eûmes pas le temps de nous lasser de tout cela, car le brouillard descendait presque tous les soirs au coucher du soleil, et hâtait la chute des journées déjà si courtes que nous avions dans cet entonnoir. Jusqu'à midi nous étions enveloppés dans l'ombre de la grande montagne de gauche, et à trois heures nous retombions dans l'ombre de celle de droite. Mais quels beaux effets de lumière nous pouvions étudier, lorsque les rayons obliques pénétrant par les déchirures des rochers, ou glissant entre les croupes des montagnes, venaient tracer des crêtes d'or et de pourpre sur nos seconds plans ! Quelquefois nos cyprès, noirs obélisques qui servaient de repoussoir au fond du tableau, trempaient leurs têtes dans ce fluide embrasé ; les régimes de dattes de nos palmiers semblaient des grappes de rubis, et une grande ligne d'ombre, coupant la vallée en biais, la partageait en deux zones : l'une inondée des clartés de l'été, l'autre bleuâtre et froide à la vue comme un paysage d'hiver.

La chartreuse de Valldemosa contenant tout juste, suivant la règle des chartreux, treize religieux y compris le supérieur, avait échappé au décret qui ordonna, en 1836, la démolition des monastères contenant moins de douze personnes en communauté ; mais, comme toutes les autres, celle-là avait été dispersée et le couvent supprimé, c'est-à-dire considéré comme domaine de l'État. L'État majorquin, ne sachant comment utiliser ces vastes bâtiments, avait pris le parti, en attendant qu'ils achevassent de s'écrouler, de louer les cellules aux personnes qui voudraient les habiter. Quoique le prix de ces loyers fût d'une modicité extrême, les villageois de Valldemosa n'en avaient pas voulu profiter, peut-être à cause de leur extrême dévotion et du regret qu'ils avaient de leurs moines, peut-être aussi par effroi superstitieux : ce qui les empêchait pas de venir y danser dans les nuits du carnaval, comme je le dirai ci-après ; mais ce qui leur faisait regarder de très-mauvais œil notre présence irrévérencieuse dans ces murs vénérables.

Cependant la Chartreuse est en grande partie habitée, durant les chaleurs de l'été, par les petits bourgeois palmesans, qui viennent chercher, sur ces hauteurs et sous ces voûtes épaisses, un air plus frais que dans la plaine ou dans la ville. Mais aux approches de l'hiver le froid les en chasse, et lorsque nous y demeurâmes, la Chartreuse n'avait pour tous habitants, outre moi et ma famille, le pharmacien, le sacristain et la Maria-Antonia.

La Maria-Antonia était une sorte de femme de charge qui était venue d'Espagne pour échapper, je crois, à la misère, et qui avait loué une cellule pour exploiter les hôtes passagers de la Chartreuse. Sa cellule était située à côté de la nôtre et nous servait de cuisine, tandis que la dame était censée nous servir de ménagère. C'était une ex-jolie femme, fine, proprette en apparence, dévoueuse, se disant bien née, ayant de charmantes manières, un son de voix harmonieux, des airs patelins, et exerçant avec nous une sorte d'hospitalité fort singulière. Elle avait coutume d'offrir ses services aux arrivants, et de refuser, d'un air outragé, et presque en se voilant la face, toute espèce de rétribution pour ses soins. Elle agissait ainsi, disait-elle, pour l'amour de Dieu, *por l'assistencia*, et dans le seul but d'obtenir l'amitié de ses voisins. Elle possédait, en fait de mobilier, un lit de sangle, une chaufferette, un brasero, deux chaises de paille, un crucifix, et quelques plats de terre. Elle mettait tout cela à votre disposition avec beaucoup de générosité, et vous pouviez installer chez elle votre servante et votre marmite.

Mais aussitôt elle entrait en possession de tout votre ménage, et prélevait pour elle le plus pur de vos nippes et de votre dîner. Je n'ai jamais vu de bouche dévote plus friande, ni de doigts plus agiles pour puiser, sans se brûler, au fond des casseroles bouillantes, ni de gosier plus élastique pour avaler le sucre et le café de ses hôtes chéris à la dérobée, tout en fredonnant un cantique ou un boléro. C'eût été une chose curieuse et divertissante, si on eût pu être tout à fait désintéressé dans la question, que devoir cette bonne Antonia, et la Catalina, cette grande sorcière valldemosane qui nous servait de valet de chambre, et la *niña*, petit monstre ébouriffé qui nous servait de groom, aux prises toutes trois avec notre dîner C'était l'heure de l'Angelus, et ces trois chattes ne manquaient pas de le réciter : les deux vieilles en duo, faisant main basse sur tous les plats, et la petite répondant *amen*, tout en escamotant avec une dextérité sans égale quelque côtelette ou quelque fruit confit. C'était un tableau à faire et qui valait bien la peine qu'on feignît de ne rien voir ; mais lorsque les pluies interceptèrent fréquemment les communications avec Palma, et que les aliments devinrent rares, *l'assistencia* de la Maria-Antonia et de sa clique devint moins plaisante, et nous fûmes forcés de nous succéder, mes enfants et moi, dans le rôle de planton pour surveiller les vivres. Je me souviens d'avoir couvé, presque sur mon chevet, certains paniers de biscottes bien nécessaires au déjeuner du lendemain, et d'avoir plané comme un vautour sur certains plats de poisson, pour écarter de nos fourneaux en plein vent ces petits oiseaux de rapine qui ne nous eussent laissé que les arêtes.

Le sacristain était un gros gars qui avait peut-être servi la messe aux chartreux dans son enfance, et qui désormais était dépositaire des clefs du couvent. Il y avait une histoire scandaleuse sur son compte ; il était atteint et convaincu d'avoir séduit et mis à mal une señorita qui avait passé quelques mois avec ses parents à la Chartreuse, et il disait pour s'excuser, qu'il n'était chargé par l'État que de garder les vierges en peinture. Il n'était pas beau le moins du monde ; mais il avait des prétentions au dandysme. Au lieu du beau costume demi-arabe que portent les gens de sa classe, il avait un pantalon européen et des bretelles qui certainement donnaient dans l'œil des filles de l'endroit. Sa sœur était la plus belle Majorquine que j'aie vue. Ils n'habitaient pas le couvent, ils étaient riches et fiers, et avaient une maison dans le village ; mais ils faisaient leur ronde chaque jour et fréquentaient la Maria-Antonia, qui les invitait à manger notre dîner quand elle n'avait pas d'appétit.

Le pharmacien était un chartreux qui s'enfermait dans sa cellule pour reprendre sa robe jadis blanche, et réciter tout seul ses offices en grande tenue. Quand on sonnait à sa porte pour lui demander de la guimauve ou du chiendent (les seuls spécifiques qu'il possédât), on le voyait jeter à la hâte son froc sous son lit, et apparaître en culotte noire, en bas et en petite veste, absolument dans le costume des opérateurs que Molière faisait danser en ballet dans ses intermèdes. C'était un vieillard très-méfiant, ne se plaignant de rien, et priant peut-être pour le triomphe de don Carlos et le retour de la sainte inquisition, sans vouloir de mal à personne. Il nous vendait son chiendent à prix d'or, et se consolait par ces petits profits d'avoir été relevé de son vœu de pauvreté. Sa cellule était située bien loin de la nôtre, à l'entrée du monastère, dans une sorte de bouge dont la porte se dissimulait derrière un buisson de ricins et d'autres plantes médicinales de la plus belle venue. Caché là comme un vieux lièvre qui craint de mettre les chiens sur sa piste, il ne se montrait guère ; et si nous n'eussions été plusieurs fois le réclamer pour lui demander ses juleps, nous ne nous serions jamais doutés qu'il y eût encore un chartreux à la Chartreuse.

Cette Chartreuse n'a rien de beau comme ornement d'architecture, mais c'est un assemblage de bâtiments très-fortement et très-largement construits. Avec une pareille enceinte et une telle masse de pierres de taille, il y aurait de quoi loger un corps d'armée ; et pourtant cette vaste construction avait été élevée pour douze personnes. Rien que dans le nouveau cloître (car ce monastère se compose de trois chartreuses accolées l'une à l'autre à diverses époques), il y a douze cellules composées chacune de trois pièces spacieuses donnant sur un des côtés du cloître. Sur les deux faces latérales sont situées douze chapelles. Chaque religieux avait la sienne, dans laquelle il s'enfermait pour prier seul. Toutes ces chapelles sont diversement ornées, couvertes de dorures et de peintures du goût le plus grossier, avec des statues de saints en bois colorié, si horribles que je n'aurais pas trop aimé, je le confesse, à les rencontrer la nuit hors de leurs niches. Le pavé de ces oratoires est formé de faïences émaillées et disposées en divers dessins de mosaïque d'un très-bel effet. Le goût arabe règne encore en ceci, et c'est le seul bon goût dont la tradition ait traversé les siècles à Majorque. Enfin chacune de ces chapelles est munie d'une fontaine ou d'une conque en beau marbre du pays, chaque chartreux étant tenu de laver tous les jours son oratoire. Il règne dans ces pièces voûtées, sombres, et carrelées d'émail, une fraîcheur qui pouvait bien faire des longues heures de la prière une sorte de volupté dans les jours brûlants de la canicule.

La quatrième face du nouveau cloître, au centre duquel règne un petit préau planté symétriquement de buis qui n'ont pas encore perdu tout à fait les formes pyramidales imposées par le ciseau des moines, est parallèle à une jolie église dont la fraîcheur et la propreté contrastent avec l'abandon et la solitude du monastère. Nous espérions y trouver des orgues ; nous avions oublié que la règle des chartreux supprimait toute espèce d'instruments de musique, comme un vain luxe et un plaisir des sens. L'église se compose d'une seule nef pavée en belles faïences très-finement peintes, à bouquets de fleurs artistement disposés comme sur un tapis. Les lambris boisés, les confessionnaux et les portes sont d'une grande simplicité ; mais la perfection de leurs nervures et la netteté d'un travail sobrement et délicatement orné attestent une habileté de la main-d'œuvre qu'on ne trouve plus en France dans les ouvrages de menuiserie. Malheureusement cette exécution consciencieuse est perdue aussi à Majorque. Il n'y a dans toute l'île, m'a dit M. Tastu, que deux ouvriers qui aient conservé cette profession à l'état d'art. Le menuisier que nous employâmes à la Chartreuse était certainement un artiste, mais seulement en musique et en peinture. Étant venu un jour à notre cellule pour y poser quelques rayons de bois blanc, il regarda tout notre petit bagage d'artistes avec cette curiosité naïve et indiscrète que j'avais remarquée autrefois chez les Grecs esclavons. Les esquisses que mon fils avait faites d'après des dessins de Goya représentant des moines en goguette, et dont il avait orné notre chambre, le scandalisèrent un peu ; mais ayant aperçu la *Descente de croix* gravée d'après Rubens, il resta longtemps absorbé dans une contemplation étrange. Nous lui demandâmes ce qu'il en pensait : « Il n'y a rien dans toute l'île de Majorque, nous répondit-il dans son patois, d'aussi beau et d'aussi *naturel*. »

Ce mot de *naturel* dans la bouche d'un paysan qui avait la chevelure et les manières d'un sauvage nous frappa beaucoup. Le son du piano et le jeu de l'artiste le jetaient dans une sorte d'extase. Il abandonnait son travail et venait se placer derrière la chaise de l'exécutant, la bouche entr'ouverte et les yeux hors de la tête. Ces instincts élevés ne l'empêchaient pas d'être voleur comme tous les paysans majorquins le sont avec les étrangers, et cela sans aucune espèce de scrupule, quoiqu'ils soient d'une loyauté religieuse, dit-on, dans les rapports qu'ils ont entre eux. Il demandait de son travail un prix fabuleux, et il portait les mains avec convoitise sur tous les petits objets d'industrie française que nous avions apportés pour notre usage. J'eus bien de la peine à sauver de ses larges poches les pièces de mon nécessaire de toilette. Ce qui le tentait le plus, c'était un verre de cristal taillé, où peut-être la brosse à dents qui s'y trouvait, et dont certainement il ne comprenait pas la destination. Cet homme avait les besoins d'art d'un Italien et les instincts de rapine d'un Malais ou d'un Cafre.

Cette digression ne me fera pas oublier de mentionner le seul objet d'art que nous trouvâmes à la Chartreuse. C'était une statue de saint Bruno en bois peint, placée dans l'église. Le dessin et la couleur en étaient remarquables ; les mains, admirablement étudiées, avaient un mouvement d'invocation pieuse et déchirante ; l'expression de la tête était vraiment sublime de foi et de douleur. Et pourtant c'était l'œuvre d'un ignorant ; car la statue placée en regard, et exécutée par le même manœuvre, était pitoyable sous tous les rapports ; mais il avait eu en créant saint Bruno un éclair d'inspiration, un élan d'exaltation religieuse peut-être, qui l'avait élevé au-dessus de lui-même. Je doute que jamais le saint fanatique de Grenoble ait été compris et rendu avec un sentiment aussi profond et aussi ardent. C'était la personnification de l'ascétisme chrétien. Mais, à Majorque même, l'emblème de cette philosophie du passé est debout dans la solitude.

L'ancien cloître, qu'il faut traverser pour entrer dans le nouveau, communique à celui-ci par un détour fort simple que, grâce à mon peu de mémoire locale, je n'ai jamais pu retrouver sans me perdre préalablement dans le troisième cloître.

Ce troisième bâtiment, que je devrais appeler le premier parce qu'il est le plus ancien, est aussi le plus petit. Il présente un coup d'œil charmant. Le préau qu'il embrasse de ses murailles brisées est l'ancien cimetière des moines. Aucune inscription ne distingue les tombes que le chartreux creusait durant sa vie, et où rien ne devait disputer sa mémoire au néant de la mort. Les sépultures sont à peine indiquées par le renflement des touffes de gazon. M. Laurens a retracé la physionomie de ce cloître dans un joli dessin, où j'ai retrouvé avec un plaisir incroyable le petit puits à gable aigu, les fenêtres à croix de pierre où se suspendent en festons toutes les herbes vagabondes des ruines, et les grands cyprès verticaux qui s'élèvent la nuit comme des spectres noirs autour de la croix de bois blanc. Je suis fâché qu'il n'ait pas vu la lune se lever derrière la belle montagne de grès couleur d'ambre qui domine ce cloître, et qu'il n'ait pas mis au premier plan un vieux laurier au tronc énorme et à la tête desséchée qui n'existait peut-être déjà plus lorsqu'il visita la Chartreuse. Mais j'ai retrouvé dans son dessin et dans son texte une mention honorable pour le beau palmier nain (*chamærops*), que j'ai défendu contre l'ardeur naturaliste de mes enfants, et qui est peut-être un des plus vigoureux de l'Europe dans son espèce.

Autour de ce petit cloître sont disposées les anciennes chapelles des chartreux du quinzième siècle. Elles sont hermétiquement fermées, et le sacristain ne les ouvre à personne, circonstance qui piquait beaucoup notre curiosité. A force de regarder au travers des fentes dans nos promenades, nous avons cru apercevoir de beaux débris de meubles et de sculptures en bois très-anciennes. Il pourrait bien se trouver dans ces galetas mystérieux beaucoup de richesses enfouies dont personne à Majorque ne se souciera jamais de secouer la poussière.

Le second cloître a douze cellules et douze chapelles comme les autres. Ses arcades ont beaucoup de caractère dans leur délabrement. Elles ne tiennent plus à rien, et quand sous les traversions le soir par un gros temps, nous recommandions notre âme à Dieu ; car il ne passait pas d'ouragan sur la Chartreuse qui ne fît tomber un pan de mur ou un fragment de voûte. Jamais je n'ai entendu le vent promener des voix lamentables et pousser des hurlements désespérés, comme dans ces galeries creuses et sonores. Le bruit des torrents, la course précipitée des nuages, la grande clameur monotone de la mer interrompue par le sifflement de l'orage, et les plaintes des oiseaux de mer qui passaient tout effarés et déroutés dans les rafales ; puis de grands brouillards qui tombaient tout à coup comme un linceul, et qui, pénétrant dans les cloîtres par les arcades brisées, nous rendaient invisibles et faisaient paraître la petite lampe que nous portions pour nous diriger, comme un esprit follet errant sous les galeries, et mille autres détails de cette vie cénobitique qui se pressent à la fois dans mon souvenir : tout cela faisait bien de cette Chartreuse le séjour le plus romantique de la terre.

Je n'étais pas fâché de voir en plein, et en réalité une bonne fois, ce que je n'avais vu qu'en rêve, ou dans les ballades à la mode, et dans l'acte des nonnes de *Robert le Diable*, à l'Opéra. Les apparitions fantastiques ne nous manquèrent même pas, comme je le dirai tout à l'heure ; et à propos de tout ce romantisme matérialisé qui posait devant moi, je n'étais pas sans faire quelques réflexions sur le romantisme en général.

A la masse des bâtiments que je viens d'indiquer, il faut joindre la partie réservée au supérieur, que nous ne pûmes visiter, non plus que bien d'autres recoins mystérieux ; les cellules des frères convers, une petite église appartenant à l'ancienne Chartreuse, et plusieurs autres constructions destinées aux personnes de marque qui y venaient faire des retraites ou accomplir des dévotions pénitentiaires ; plusieurs petites cours entourées d'étables pour le bétail de la communauté, des logements pour la nombreuse suite des visiteurs ; enfin, tout un phalanstère, comme on dirait aujourd'hui, sous l'invocation de la Vierge et de saint Bruno.

Quand le temps était trop mauvais pour nous empêcher de gravir la montagne, nous faisions notre promenade à couvert dans le couvent, et nous en avions pour plusieurs heures à explorer l'immense manoir. Je ne sais quel attrait de curiosité me poussait à surprendre dans ces murs abandonnés le secret intime de la vie monastique. Sa trace était si récente, que je croyais toujours entendre le bruit des sandales sur le pavé et le murmure de la prière sous les voûtes des chapelles. Dans nos cellules, des oraisons latines imprimées et collées sur les murs, jusque dans certains réduits secrets où je n'aurais jamais imaginé qu'on en allât dire des *oremus*, étaient encore lisibles.

Un jour que nous allions à la découverte dans des galeries supérieures, nous trouvâmes devant nous une jolie tribune, d'où nos regards plongèrent dans une grande et belle chapelle, si meublée et si bien rangée, qu'on l'eût dite abandonnée de la veille. Le fauteuil du prieur était encore à sa place, et l'ordre des exercices religieux de la semaine, affiché dans un cadre de bois noir, pendait de la voûte au milieu des stalles du chapitre. Chaque stalle avait une petite image de saint collée au dossier, probablement le patron de chaque religieux. L'odeur d'encens dont les murs avaient été si longtemps imprégnés n'était pas encore tout à fait dissipée. Les autels étaient parés de fleurs desséchées, et les cierges à demi consumés se dressaient encore dans leurs flambeaux. L'ordre et la conservation de ces objets contrastaient avec les ruines du dehors, la hauteur des ronces qui envahissaient les fenêtres, et les cris des poissons qui jouaient aux petits palets dans les cloîtres avec des fragments de mosaïque.

Quant à mes enfants, l'amour du merveilleux les portait bien plus vivement encore à ces explorations enjouées et passionnées. Certainement, ma fille s'attendait à trouver quelque palais de fée rempli de merveilles dans les greniers de la Chartreuse, et mon fils espérait découvrir la trace de quelque drame terrible et bizarre enfoui sous les décombres. J'étais souvent effrayé de les voir grimper comme des chats sur des planches déjetées et sur des terrasses tremblantes ; et quand, au détour de quelques pas, ils disparaissaient dans un tournant d'escalier en spirale, je m'imaginais qu'ils étaient perdus pour moi, et je doublais le pas avec une sorte de terreur où la superstition entrait peut-être bien pour quelque chose.

Car, on s'en défendrait en vain, ces demeures sinistres, consacrées à un culte plus sinistre encore, agissent quelque peu sur l'imagination, et je défierais le cerveau le plus calme et le plus froid de s'y conserver longtemps dans un état de parfaite santé. Ces petites peurs fantastiques, si je puis les appeler ainsi, ne sont pas sans attrait ; elles sont pourtant assez réelles pour qu'il soit nécessaire de les combattre en soi-même. J'a-

Costumes majorcains.

voue que je n'ai guère traversé le cloître le soir sans une certaine émotion mêlée d'angoisse et de plaisir que je n'aurais pas voulu laisser paraître devant mes enfants, dans la crainte de la leur faire partager. Ils n'y paraissaient cependant pas disposés, et ils couraient volontiers au clair de la lune sous ces arceaux rompus qui vraiment avaient l'air d'appeler les danses du sabbat. Je les ai conduits plusieurs fois, vers minuit, dans le cimetière.

Cependant je ne les laissai plus sortir seuls, le soir, après que nous eûmes rencontré un grand vieillard qui se promenait parfois dans les ténèbres. C'était un ancien serviteur ou client de la communauté, à qui le vin et la dévotion faisaient souvent partir la cervelle. Lorsqu'il était ivre, il venait errer dans les cloîtres, frapper aux portes des cellules désertes avec un grand bourdon de pèlerin, où était suspendu un long rosaire, appelant les moines dans ses déclamations avinées, et priant d'une voix lugubre devant les chapelles. Comme il voyait un peu de lumière s'échapper de notre cellule, c'était là surtout qu'il venait rôder avec des menaces et des jurements épouvantables. Il entrait chez la Maria-Antonia, qui en avait grand'peur, et, lui faisant de longs sermons entrecoupés de jurons cyniques, il s'installait auprès de son brasero jusqu'à ce que le sacristain vînt l'en arracher à force de politesses et de ruses; car le sacristain n'était pas très-brave, et craignait de s'en faire un ennemi. Notre homme venait alors frapper à notre porte à des heures indues; et quand il était fatigué d'appeler en vain le père Nicolas, qui était son idée fixe, il se laissait tomber aux pieds de la madone dont la niche était située à quelques pas de notre porte, et s'y endormait, son couteau ouvert dans une main, et son chapelet dans l'autre.

Son tapage ne nous inquiétait guère, parce que ce n'était point un homme à se jeter sur les gens à l'improviste. Comme il s'annonçait de loin par ses exclamations entrecoupées et le bruit de son bâton sur le pavé, on avait le temps de battre en retraite devant cet animal sauvage, et la double porte en plein chêne de notre cellule eût pu soutenir un siége autrement formidable; mais cet assaut obstiné pendant que nous avions un malade accablé, auquel il disputait quelques heures de

Sereno de Palma.

repos, n'était pas toujours comique. Il fallait le subir pourtant avec *mucha calma*, car nous n'eussions certes reçu aucune protection de la police de l'endroit ; nous n'allions point à la messe, et notre ennemi était un saint homme qui n'en manquait aucune.

Un soir, nous eûmes une alerte et une apparition d'un autre genre, que je n'oublierai jamais. Ce fut d'abord un bruit inexplicable et que je ne pourrais comparer qu'à des milliers de sacs de noix roulant avec continuité sur un parquet. Nous nous hâtâmes de sortir dans le cloître, pour voir ce que ce pouvait être. Le cloître était désert et sombre comme à l'ordinaire ; mais le bruit se rapprochait toujours sans interruption, et bientôt une faible clarté blanchit la vaste profondeur des voûtes. Peu à peu elles s'éclairèrent du feu de plusieurs torches, et nous vîmes apparaître, dans la vapeur rouge qu'elles répandaient, un bataillon d'êtres abominables à Dieu et aux hommes. Ce n'était rien moins que Lucifer en personne, accompagné de toute sa cour, un maître diable tout noir, cornu, avec la face couleur de sang ; et autour de lui un essaim de diablotins avec des têtes d'oiseau, des queues de cheval, des oripeaux de toutes couleurs, et des diablesses ou des bergères, en habits blancs et roses,

qui avaient l'air d'être enlevées par ces vilains gnômes. Après les confessions que je viens de faire, je puis avouer que pendant une ou deux minutes, et même encore un peu de temps après avoir compris ce que c'était, il me fallut un certain effort de volonté pour tenir ma lampe élevée au niveau de cette laide mascarade, à laquelle l'heure, le lieu et la clarté des torches donnaient une apparence vraiment surnaturelle.

C'étaient des gens du village, riches fermiers et petits bourgeois, qui fêtaient le mardi gras et venaient établir leur bal rustique dans la cellule de Maria-Antonia. Le bruit étrange qui accompagnait leur marche était celui des castagnettes, dont plusieurs gamins, couverts de masques sales et hideux, jouaient en même temps, et non sur un rhythme coupé et mesuré, comme en Espagne, mais avec un roulement continu semblable à celui du tambour battant aux champs. Ce bruit, dont ils accompagnent leurs danses, est si sec et si âpre, qu'il faut du courage pour le supporter un quart d'heure. Quand ils sont en marche de fête, ils l'interrompent tout d'un coup, pour chanter à l'unisson une *coplita* sur une phrase musicale qui recommence toujours et semble ne finir jamais ; puis les castagnettes reprennent leur roulement, qui dure trois ou quatre minutes. Rien de plus sauvage que cette manière de se réjouir en se brisant le tympan avec le claquement du bois. La phrase musicale, qui n'est rien par elle-même, prend un grand caractère jetée ainsi à de longs intervalles, et par ces voix qui ont aussi un caractère très-particulier. Elles sont voilées dans leur plus grand éclat et traînantes dans leur plus grande animation.

Je m'imagine que les Arabes chantaient ainsi, et M. Tastu, qui a fait des recherches à cet égard, s'est convaincu que les principaux rhythmes majorquins, leurs fioritures favorites, que leur manière, en un mot, est de type et de tradition arabes [1].

Quand tous ces diables furent près de nous, ils nous entourèrent avec beaucoup de douceur et de politesse, car les Majorquins n'ont rien de farouche ni d'hostile, en général, dans leurs manières. Le roi Belzébuth daigna m'adresser la parole en espagnol, et me dit qu'il était avocat. Puis il essaya, pour me donner une plus haute idée encore de sa personne, de me parler en français, et, voulant me demander si je me plaisais à la Chartreuse, il traduisit le mot espagnol *cartuxa* par le mot français *cartouche*, ce qui ne laissait pas de faire un léger contre-sens. Mais le diable majorquin n'est pas forcé de parler toutes les langues.

Leur danse n'est pas plus gaie que leur chant. Nous les suivîmes dans la cellule de Maria-Antonia, qui était décorée de petites lanternes de papier suspendues, en travers de la salle, à des guirlandes de lierre. L'orchestre, composé d'une grande et d'une petite guitare, d'une espèce de violon aigu et de trois ou quatre paires de castagnettes, commença à jouer les jotas et les fandangos indigènes, qui ressemblent à ceux de l'Espagne, mais dont le rhythme est plus original et le tour plus hardi encore.

Cette fête était donnée en l'honneur de Raphaël Torres, un riche tenancier du pays, qui s'était marié, peu de jours auparavant, avec une assez belle fille. Le nouvel époux fut le seul homme condamné à danser presque toute la soirée face à face avec une des femmes qu'il allait inviter tour à tour. Pendant ce duo, toute l'assemblée, grave et silencieuse, était assise par terre, accroupie à la manière des Orientaux et des Africains, l'alcade lui-même, avec sa cape de moine et son grand bâton noir à tête d'argent.

Les boléros majorquins ont la gravité des ancêtres, et point de ces grâces profanes qu'on admire en Andalousie. Hommes et femmes se tiennent les bras étendus et immobiles, les doigts roulant avec précipitation et continuité sur les castagnettes. Le beau Raphaël dansait pour l'acquit de sa conscience. Quand il eut fait sa corvée, il alla s'asseoir en chien comme les autres, et les *malins* de l'endroit vinrent briller à leur tour. Un jeune gars, mince comme une guêpe, fit l'admiration universelle par la raideur de ses mouvements et des sauts sur place qui ressemblaient à des bonds galvaniques, sans éclairer sa figure du moindre éclair de gaieté. Un gros laboureur, très-coquet et très-suffisant, voulut passer la jambe et arrondir les bras à la manière espagnole; il fut bafoué, et il le méritait bien, car c'était la plus risible caricature qu'on pût voir. Ce bal rustique nous eût longtemps captivés, n'était l'odeur d'huile rance et d'ail qu'exhalaient ces messieurs et ces dames, et qui prenait réellement à la gorge.

Les déguisements de carnaval avaient moins d'intérêt pour nous que les costumes indigènes; ceux-là sont très-élégants et très-gracieux. Les femmes portent une sorte de guimpe blanche en dentelle ou en mousseline, appelée *rebozillo*, composée de deux pièces superposées; une qui est attachée sur la tête un peu en arrière, passant sous le menton comme une guimpe de religieuse, et qui se nomme *rebozillo en amount*; et l'autre qui flotte en pèlerine sur les épaules, et se nomme *rebozillo en volant*; les cheveux, séparés en bandeaux lissés sur le front, sont attachés derrière pour retomber en une grosse tresse qui sort du rebozillo, flotte sur le dos et se relève sur le côté, passée dans la ceinture. En négligé de la semaine, la chevelure non tressée reste flottante sur le dos en *estoffade*. Le corsage, en mérinos ou en soie noire, décolleté, à manches courtes, est garni, au-dessus du coude et sur les coutures du dos, de boutons de métal et de chaînes d'argent passées sous les boutons avec beaucoup de goût et de richesse. Elles ont la taille fine et bien prise, le pied très-petit et chaussé avec recherche dans les jours de fête. Une simple villageoise a des bas à jour, des souliers de satin, une chaîne d'or au cou, et plusieurs brasses de chaînes d'argent autour de la taille et pendantes à la ceinture. J'en ai vu beaucoup de fort bien faites, peu de jolies; leurs traits étaient réguliers comme ceux des Andalouses, mais leur physionomie plus candide et plus douce. Dans le canton de Soller, où je ne suis point allé, elles ont une grande réputation de beauté.

Les hommes que j'ai vus n'étaient pas beaux, mais ils le semblaient tous au premier abord, à cause du costume avantageux qu'ils portent. Il se compose, le dimanche, d'un gilet (*guarde-pits*) d'étoffe de soie bariolée, découpé en cœur et très-ouvert sur la poitrine, ainsi que la veste noire (*sayo*) courte et collante à la taille, comme un corsage de femme. Une chemise d'un blanc magnifique, attachée au cou et aux manches par une bandelette brodée, laisse le cou libre et la poitrine couverte de beau linge, ce qui donne toujours un grand lustre à la toilette. Ils ont la taille serrée dans une ceinture de couleur, et de larges caleçons bouffants comme les Turcs, en étoffes rayées, coton et soie, fabriquées dans le pays. Avec cela, ils ont des bas de fil blanc, noir ou fauve, et des souliers de peau de veau sans apprêt et sans teint. Le chapeau à larges bords, en poil de chat sauvage (*mixtos*), avec des cordons et des glands noirs en fil de soie et d'or, n'ait un caractère oriental de cet ajustement. Dans les maisons, ils roulent autour de leur tête un foulard ou un mouchoir d'indienne en manière de turban, qui leur sied beaucoup mieux. L'hiver, ils ont souvent une calotte de laine noire qui couvre leur tonsure; car ils se rasent, comme des prêtres, le sommet de la tête, soit par mesure de propreté, et Dieu sait pour cela ne leur sert pas à grand'chose! soit par dévotion. Leur vigoureuse crinière bouffante, rude et crépue, flotte donc (autant que du crin peut flotter) autour de leur cou. Un trait de ciseau sur le front complète cette chevelure, taillée exactement à la mode du moyen âge, et qui donne de l'énergie à toutes les figures.

Dans les champs, leur costume, plus négligé, est pittoresque encore. Ils ont les jambes nues ou couvertes de guêtres de cuir jaune jusqu'aux genoux, suivant la saison. Quand il fait chaud, ils n'ont pour tout vêtement que la chemise et le pantalon bouffant. Dans l'hiver, ils se couvrent ou d'une cape grise qui a l'air d'un froc de moine, ou d'une grande peau de chèvre d'Afrique avec le poil en dehors. Quand ils marchent par groupes avec ces peaux fauves traversées d'une raie noire sur le dos, et tombant de la tête aux pieds, on les prendrait volontiers pour un troupeau marchant sur les pieds de derrière. Presque toujours, en se rendant aux champs ou en revenant à la maison, l'un d'eux marche en tête, jouant de la guitare ou de la flûte, et les autres suivent en silence, emboîtant le pas, et baissant le nez d'un air plein d'innocence et de stupidité. Ils ne manquent pourtant pas de finesse, et bien sot qui se fierait à leur mine.

---

[1]. Lorsque nous allions de Barcelone à Palma, par une nuit tiède et sombre, éclairée seulement par une phosphorescence extraordinaire dans le sillage du navire, tout le monde dormait à bord, excepté le timonier, qui, pour résister au danger d'en faire autant, chanta toute la nuit, mais d'une voix si douce et si ménagée qu'on eût dit qu'il craignait d'éveiller les hommes de quart, ou qu'il était à demi endormi lui-même. Nous ne nous lassions point de l'écouter, car son chant était des plus étranges. Il suivait un rhythme et des modulations en dehors de toutes nos habitudes, et semblait laisser sa voix au hasard, comme la fumée du bâtiment, emportée et balancée par la brise. C'était une rêverie plutôt qu'un chant, une sorte de divagation nonchalante de la voix, où la pensée avait peu de part, mais qui suivait le balancement du navire, le faible bruit du remous, et ressemblait à une improvisation vague, renfermée pourtant dans des formes douces et monotones.

Cette voix de la contemplation avait un grand charme.

Ils sont généralement grands, et leur costume, en les rendant très-minces, les fait paraître plus grands encore. Leur cou, toujours exposé à l'air, est beau et vigoureux ; leur poitrine, libre de gilets étroits et de bretelles, est ouverte et bien développée ; mais ils ont presque tous les jambes arquées.

Nous avons cru observer que les vieillards et les hommes mûrs étaient, sinon beaux dans leurs traits, du moins graves et d'un type noblement accentué. Ceux-là ressemblent tous à des moines, tels qu'on se les représente poétiquement. La jeune génération nous a semblé commune et d'un type grivois, qui rompt tout à coup la filiation. Les moines auraient-ils cessé d'intervenir dans l'intimité domestique depuis une vingtaine d'années seulement ?

— Ceci n'est qu'une facétie de voyage.

II.

J'ai dit plus haut que je cherchais à surprendre le secret de la vie monastique dans ces lieux, où sa trace était encore si récente. Je n'entends point dire par là que je m'attendisse à découvrir des faits mystérieux relatifs à la Chartreuse en particulier ; mais je demandais à ces murs abandonnés de me révéler la pensée intime des reclus licencieux qu'ils avaient, durant des siècles, séparés de la vie humaine. J'aurais voulu suivre le fil amoindri ou rompu de la foi chrétienne dans ces âmes jetées là par chaque génération comme un holocauste à ce Dieu jaloux, auquel il avait fallu des victimes humaines aussi bien qu'aux dieux barbares. Enfin j'aurais voulu ranimer un chartreux du quinzième siècle et un du dix-neuvième pour comparer entre eux ces deux catholiques séparés dans leur foi, sans le savoir, par des abîmes, et demander à chacun ce qu'il pensait de l'autre.

Il me semblait que la vie du premier était assez facile à reconstruire avec vraisemblance dans ma pensée. Je voyais ce chrétien du moyen âge tout d'une pièce, fervent, sincère, brisé au cœur par le spectacle des guerres, des discordes et des souffrances de ses contemporains, fuyant cet abîme de maux et cherchant dans la contemplation ascétique à s'abstraire et à se détacher autant que possible d'une vie où la notion de la perfectibilité des masses n'était point accessible aux individus. Mais le chartreux du dix-neuvième siècle, fermant les yeux à la marche devenue sensible et claire de l'humanité, indifférent à la vie des autres hommes, ne comprenant plus ni la religion, ni le pape, ni l'église, ni la société, ni lui-même, et ne voyant plus dans sa Chartreuse qu'une habitation spacieuse, agréable et sûre, dans sa vocation qu'une existence assurée, l'impunité accordée à ses instincts, et un moyen d'obtenir, sans mérite individuel, la déférence et la considération des dévots, des paysans et des femmes, celui-là je ne pouvais me le représenter aussi aisément. Je ne pouvais faire une appréciation exacte de ce qu'il devait avoir eu de remords, d'aveuglement, d'hypocrisie ou de sincérité. Il était impossible qu'il y eût une foi réelle à l'Église romaine dans cet homme, à moins qu'il ne fût absolument dépourvu d'intelligence. Il était impossible aussi qu'il y eût un athéisme prononcé ; car sa vie entière eût été un odieux mensonge, et je ne saurais croire à un homme complétement stupide ou complétement vil. C'est l'image de ses combats intérieurs, de ses alternatives de révolte et de soumission, de doute philosophique et de terreur superstitieuse que j'avais devant les yeux comme en rêve ; et plus je m'identifiais avec ce dernier chartreux qui avait habité ma cellule avant moi, plus je sentais peser sur mon imagination frappée ces angoisses et ces agitations que je lui attribuais.

Il suffisait de jeter les yeux sur les anciens cloîtres et sur la Chartreuse moderne pour suivre la marche des besoins de bien-être, de salubrité et même d'élégance, qui s'étaient glissés dans la vie de ces anachorètes, mais aussi pour signaler le relâchement des mœurs cénobitiques, de l'esprit de mortification et de pénitence. Tandis que toutes les anciennes cellules étaient sombres, étroites et mal closes, les nouvelles étaient aérées, claires et bien construites. Je ferai la description de celle que nous habitions pour donner une idée de l'austérité de la règle des chartreux, même éludée et adoucie autant que possible.

Les trois pièces qui la composaient étaient spacieuses, voûtées avec élégance et aérées au fond par des rosaces à jour, toutes diverses et d'un très-joli dessin. Ces trois pièces étaient séparées du cloître par un retour sombre et fermé d'un fort battant de chêne. Le mur avait trois pieds d'épaisseur. La pièce du milieu était destinée à la lecture, à la prière, à la méditation, elle avait pour tout meuble un large siège à prie-Dieu et à dossier, de six ou huit pieds de haut, enfoncé et fixé dans la muraille. La pièce à droite de celle-ci était la chambre à coucher du chartreux ; au fond était située l'alcôve, très-basse et dallée en dessus comme un sépulcre. La pièce de gauche était l'atelier de travail, le réfectoire, le magasin du solitaire. Une armoire située au fond avait un compartiment de bois qui s'ouvrait en lucarne sur le cloître, et par où on lui faisait passer ses aliments. Sa cuisine consistait en deux petits fourneaux situés au dehors, mais non plus, suivant la règle absolue, en plein air : une voûte ouverte sur le jardin protégeait contre la pluie le travail culinaire du moine, et lui permettait de s'adonner à cette occupation un peu plus que le fondateur ne l'aurait voulu. D'ailleurs une cheminée introduite dans cette troisième pièce annonçait bien d'autres relâchements, quoique la science de l'architecte n'eût pas été jusqu'à rendre cette cheminée praticable.

Tout l'appartement avait en arrière, à la hauteur des rosaces, un boyau long, étroit et sombre, destiné à l'aération de la cellule, et au-dessus un grenier pour serrer le maïs, les oignons, les fèves et autres frugales provisions d'hiver. Au midi, les trois pièces s'ouvraient sur un parterre dont l'étendue répétait exactement celle de la totalité de la cellule, qui était séparé des jardins voisins par des murailles de dix pieds, et s'appuyait sur une terrasse fortement construite, au-dessus d'un petit bois d'orangers, qui occupait ce gradin de la montagne. Le gradin inférieur était rempli d'un beau berceau de vignes, le troisième d'amandiers et de palmiers, ainsi de suite jusqu'au fond du vallon, qui, ainsi que je l'ai dit, était un immense jardin.

Chaque parterre de cellule avait sur toute sa longueur à droite un réservoir en pierres de taille, de trois à quatre pieds de large sur autant de profondeur, recevant, par des canaux pratiqués dans la balustrade de la terrasse, les eaux de la montagne, et les déversant dans le parterre par une croix de pierre qui le coupait en quatre carrés égaux. Je n'ai jamais compris une telle provision d'eau pour abreuver la soif d'un seul homme, ni un tel luxe d'irrigation pour un parterre de vingt pieds de diamètre. On ne connaissait l'horreur particulière des moines pour le bain et la sobriété des mœurs majorquines à cet égard, on pourrait croire que ces bons chartreux passaient leur vie en ablutions comme des prêtres indiens.

Quant à ce parterre planté de grenadiers, de citronniers et d'orangers, entouré d'allées exhaussées en briques et ombragées, ainsi que le réservoir, de berceaux embaumés, c'était comme un joli salon de fleurs et de verdure, où le moine pouvait se promener à pied sec les jours humides et rafraîchir ses gazons d'une nappe d'eau courante dans les jours brûlants, respirer au bord d'une belle terrasse le parfum des orangers, dont la cime touffue apportait sous ses yeux un dôme éclatant de fleurs et de fruits, et contempler, dans un repos absolu, le paysage à la fois austère et gracieux, mélancolique et grandiose, dont j'ai parlé déjà ; enfin cultiver pour la volupté de ses regards des fleurs rares et précieuses, cueillir pour étancher sa soif les fruits les plus savoureux, écouter les bruits sublimes de la mer, contempler la splendeur des nuits d'été sous le plus beau ciel, et adorer l'Éternel dans le plus beau temple que jamais il ait ouvert à l'homme dans le sein de la nature. Telles me parurent au premier abord les ineffables jouissances du chartreux, telles je me les promis à moi-même en m'installant dans une de ces cellules qui semblaient avoir été disposées pour satisfaire les magnifiques caprices d'imagination ou de rêverie d'une phalange choisie de poëtes et d'artistes.

Mais quand on se représente l'existence d'un homme sans intelligence et par conséquent sans rêverie et sans méditation, sans foi peut-être, c'est-à-dire sans enthousiasme et sans recueillement, enfouie dans cette cellule aux murs massifs, muets et sourds, soumise aux abrutissantes privations de la règle, et forcée d'en observer la lettre sans en comprendre l'esprit, condamnée à l'horreur de la solitude, réduite à n'apercevoir que de loin, du haut des montagnes, l'espèce humaine rampant au fond de la vallée, à rester éternellement étrangère à quelques autres âmes captives, vouées au même silence, enfermées dans la même tombe, toujours voisines et toujours séparées, même dans la prière ; enfin quand on se sent soi-même, être libre et pensant, conduit par sympathie à de certaines terreurs et à de certaines défaillances, tout cela redevient triste et sombre comme une vie de néant, d'erreur et d'impuissance.

Alors on comprend l'ennui incommensurable de ce moine pour qui la nature a épuisé ses plus beaux spectacles, et qui n'en jouit pas, parce qu'il n'y a point un autre homme à qui faire partager sa jouissance ; la tristesse brutale de ce pénitent qui ne souffre plus que du froid et du chaud, comme un animal, comme une plante ; et le refroidissement mortel de ce chrétien chez qui rien ne ranime et ne vivifie l'esprit d'ascétisme. Condamné à manger seul, à travailler seul, à souffrir et à prier seul, il ne doit plus avoir qu'un besoin, celui d'échapper à cette épouvantable claustration ; et l'on m'a dit que les derniers chartreux s'en faisaient si peu faute, que certains d'entre eux s'absentaient des semaines et des mois entiers sans qu'il fût possible au prieur de les faire rentrer dans l'ordre.

Je crains bien d'avoir fait une longue et minutieuse description de notre Chartreuse, sans avoir donné la moindre idée de ce qu'elle eut pour nous d'enchanteur au premier abord, et de ce qu'elle perdit de poésie à nos yeux quand nous l'eûmes bien interrogée. J'ai cédé, comme je fais toujours, à l'ascendant de mes souvenirs, et maintenant que j'ai tâché de communiquer mes impressions, je me demande pourquoi je n'ai pas pu dire en vingt lignes ce que j'ai dit en vingt pages, à savoir que le repos insouciant de l'esprit, et tout ce qui le provoque, paraissent délicieux à une âme fatiguée, mais qu'avec la réflexion ce charme s'évanouit. C'est qu'il n'appartient qu'au génie de tracer une vive et complète peinture en un seul trait de pinceau. Lorsque M. La Mennais visita les camaldules de Tivoli, il fut saisi du même sentiment, et il l'exprima en maître :

« Nous arrivâmes chez eux, dit-il, à l'heure de la
« prière commune. Ils nous parurent tous d'un âge assez
« avancé, et d'une stature au-dessus de la moyenne.
« Rangés des deux côtés de la nef, ils demeurèrent après
« l'office à genoux, immobiles, dans une méditation
« profonde. On eût dit que déjà ils n'étaient plus de la
« terre ; leur tête chauve ployait sous d'autres pensées
« et d'autres soucis ; nul mouvement d'ailleurs, nul signe
« extérieur de vie ; enveloppés de leur long manteau
« blanc, ils ressemblaient à ces statues qui prient sur les
« vieux tombeaux.

« Nous concevons très-bien le genre d'attrait qu'a,
« pour certaines âmes fatiguées du monde et désabusées
« de ses illusions, cette existence solitaire. Qui n'a point
« aspiré à quelque chose de pareil? Qui n'a pas, plus
« d'une fois, tourné ses regards vers le désert et rêvé
« le repos en un coin de la forêt, ou dans la grotte de
« la montagne, près de la source ignorée où se désaltè-
« rent les oiseaux du ciel ?

« Cependant telle n'est pas la vraie destinée de
« l'homme : il est né pour l'action ; il a sa tâche qu'il
« doit accomplir. Qu'importe qu'elle soit rude ? n'est-ce
« point à l'amour qu'elle est proposée ? » (*Affaires de Rome.*)

Cette courte page, si pleine d'images, d'aspirations, d'idées et de réflexions profondes, jetée comme par hasard au milieu du récit des explications de M. La Mennais avec le saint-siége, m'a toujours frappé, et je suis certain qu'un jour elle fournira à quelque grand peintre le sujet d'un tableau. D'un côté, les camaldules en prières, moines obscurs, paisibles, à jamais inutiles, à jamais impuissants, spectres affaissés, dernières manifestations d'un culte près de rentrer dans la nuit du passé, agenouillés sur la pierre du tombeau, froids et mornes comme elle ; de l'autre, l'homme de l'avenir, le dernier prêtre, animé de la dernière étincelle du génie de l'Église, méditant sur le sort de ces moines, les regardant en artistes, les jugeant en philosophe. Ici, les lévites de la mort immobiles sous leurs suaires ; là, l'apôtre de la vie, voyageur infatigable dans les champs infinis de la pensée, donnant déjà un dernier adieu sympathique à la poésie du cloître, et secouant de ses pieds la poussière de la ville des papes, pour s'élancer dans la voie sainte de la liberté morale.

Je n'ai point recueilli d'autres faits historiques sur ma Chartreuse que celui de la prédication de saint Vincent Ferrier à Valldemosa, et c'est encore à M. Tastu que j'en dois la relation exacte. Cette prédication fut l'événement important de Majorque en 1413, et il n'est pas sans intérêt d'apprendre avec quelle ardeur on désirait un missionnaire dans ce temps-là, et avec quelle solennité on le recevait.

« Dès l'année 1409, les Mallorquins, réunis en grande assemblée, décidèrent qu'on écrirait à maître Vincent Ferrer, ou Ferrier, pour l'engager à venir prêcher à Mallorca. Ce fut don Louis de Prades, évêque de Mallorca, camerlingue du pape Benoît XIII (l'anti-pape Pierre de Luna), qui écrivit, en 1412, aux jurats de Valence une lettre pour implorer l'assistance apostolique de maître Vincent, et qui, l'année suivante, l'attendit à Barcelone et s'embarqua avec lui pour Palma. Dès le lendemain de son arrivée, le saint missionnaire commença ses prédications et ordonna des processions de nuit. La plus grande sécheresse régnait dans l'île ; mais au troisième sermon de maître Vincent, la pluie tomba. Ces détails furent ainsi mandés au roi Ferdinand par son procureur royal don Pedro de Casaldaguila :

« Très-haut, très-excellent prince et victorieux sei-
« gneur, j'ai l'honneur de vous annoncer que maître
« Vincent est arrivé dans cette cité le premier jour de
« septembre, et qu'il y a été solennellement reçu. Le
« samedi au matin, il a commencé à prêcher devant
« une foule immense, qui l'écoute avec tant de dévo-
« tion, que toutes les nuits on fait des processions dans
« lesquelles on voit des hommes, des femmes et des en-
« fants se flageller. Et comme depuis longtemps il n'é-
« tait tombé de l'eau, le Seigneur Dieu, touché des
« prières des enfants et du peuple, a voulu que ce
« royaume, qui périssait par la sécheresse, vît tomber,
« dès le troisième sermon, une pluie abondante sur
« toute l'île, ce qui a beaucoup réjoui les habitants.

« Que Notre-Seigneur Dieu vous aide longues années,
« très-victorieux seigneur, et exhausse votre royale cou-
« ronne.

« Mallorca, 11 septembre 1413. »

« La foule qui voulait entendre le saint missionnaire croissait de telle façon, que, ne pouvant l'admettre dans la vaste église du couvent de Saint-Dominique, on fut obligé de lui livrer l'immense jardin du couvent, en dressant des échafauds et abattant des murailles.

« Jusqu'au 3 octobre, Vincent Ferrier prêcha à Palma, d'où il partit pour visiter l'île. Sa première station fut à Valldemosa, dont le monastère se devait le recevoir et le loger, et qu'il avait choisi sans doute en considération de son frère Boniface, général de l'ordre des chartreux. Le prieur de Valldemosa était venu le prendre à Palma et voyageait avec lui. A Valldemosa plus encore qu'à

Palma, l'église se trouva trop petite pour contenir la foule avide. Voici ce que rapportent les chroniqueurs :

« La ville de Valldemosa garde la mémoire du temps où saint Vincent Ferrier y sema la divine parole. Sur le territoire de ladite ville se trouve une propriété qu'on appelle *Son Gual* ; là se rendit le missionnaire, suivi d'une multitude infinie. Le terrain était vaste et uni ; le tronc creusé d'un antique et immense olivier lui servit de chaire. Tandis que le saint prêchait du haut de l'olivier, la pluie vint à tomber en abondance. Le démon, promoteur des vents, des éclairs et du tonnerre, semblait vouloir forcer les auditeurs à quitter la place pour se mettre à l'abri, ce que faisaient déjà quelques-uns d'entre eux, lorsque Vincent leur commanda de ne pas bouger, se mit en prière, et à l'instant un nuage s'étendit comme un dais sur lui et sur ceux qui l'écoutaient, tandis que ceux qui étaient restés travaillant dans le champ voisin furent obligés de quitter leur ouvrage.

« Le vieux tronc existait encore il n'y a pas un siècle, car nos ancêtres l'avaient religieusement conservé. Depuis, les héritiers de la propriété de *Son Gual* ayant négligé de s'occuper de cet objet sacré, le souvenir s'en effaça. Mais Dieu ne voulut pas que la chaire rustique de saint Vincent fût à jamais perdue. Des domestiques de la propriété, ayant voulu faire du bois, jetèrent leur vue sur l'olivier et se mirent en devoir de le dépecer ; mais les outils se brisaient à l'instant, et, comme la nouvelle en vint aux oreilles des anciens, on cria au miracle, et l'olivier sacré resta intact. Il arriva plus tard que cet arbre se fendit en trente-quatre morceaux ; et, quoique à portée de la ville, personne n'osa y toucher, le respectant comme une relique.

« Cependant le saint prédicateur allait prêchant dans les moindres hameaux, guérissant le corps et l'âme des malheureux. L'eau d'une fontaine qui coule dans les environs de Valldemosa était le seul remède ordonné par le saint. Cette fontaine ou source est connue encore sous le nom de *Sa bassa Ferrera*.

« Saint Vincent passa six mois dans l'île, d'où il fut rappelé par Ferdinand, roi d'Aragon, pour l'aider à éteindre le schisme qui désolait l'Occident. Le saint missionnaire prit congé des Mallorquins dans un sermon qu'il prêcha le 22 février 1414 à la cathédrale de Palma ; et après avoir béni son auditoire, il partit pour s'embarquer, accompagné des jurés, de la noblesse, et de la multitude du peuple, opérant bien des miracles, comme le racontent les chroniques, et comme la tradition s'en est perpétuée jusqu'à ce jour aux îles Baléares. »

Cette relation qui ferait sourire mademoiselle Fanny Elssler, donne lieu à une remarque de M. Tastu, curieuse sous deux rapports : le premier, en ce qu'elle explique fort naturellement un des miracles de saint Vincent Ferrier, le second, en ce qu'elle confirme un fait important dans l'histoire des langues. Voici cette note :

« Vincent Ferrier écrivait ses sermons en latin, et les prononçait en langue limosine. On a regardé comme un miracle cette puissance du saint prédicateur, qui faisait qu'il était compris de ses auditeurs quoique leur parlant un idiome étranger. Rien n'est pourtant plus naturel, si on se reporte au temps où florissait maître Vincent. A cette époque, la langue romane des trois grandes contrées du nord, du centre et du midi, était, à peu de chose près, la même ; les peuples et les lettrés surtout s'entendaient très-bien. Maître Vincent eut des succès en Angleterre, en Écosse, en Irlande, à Paris, en Bretagne, en Italie, en Espagne, aux îles Baléares ; c'est que dans toutes ces contrées on comprenait, si on ne la parlait, une langue romane, sœur, parente ou alliée de la langue valencienne, la langue maternelle de Vincent Ferrier.

« D'ailleurs, le célèbre missionnaire n'était-il pas le contemporain du poëte Chaucer, de Jean Froissart, de Christine de Pisan, de Boccace, d'Ausias-March, et de tant d'autres célébrités européennes [1] ? »

---

1. Les peuples baléares parlent l'ancienne langue romane limosine, cette langue que M. Raynouard, sans examen, sans distinction, a com-

III.

Je ne puis continuer mon récit sans achever de compulser les annales dévotes de Valldemosa ; car, ayant à parler de la piété fanatique des villageois avec lesquels nous fûmes en rapport, je dois mentionner la sainte dont ils s'enorgueillissent et dont ils nous ont montré la maison rustique.

« Valldemosa est aussi la patrie de Catalina Tomas, béatifiée en 1792 par le pape Pie VI. La vie de cette sainte fille a été écrite plusieurs fois, et en dernier lieu par le cardinal Antonio Despuig. Elle offre plusieurs traits d'une gracieuse naïveté. Dieu, dit la légende, ayant favorisé sa servante d'une raison précoce, on la vit observer rigoureusement les jours de jeûne, bien avant l'âge où l'Église les prescrit. Dès ses premiers ans elle s'abstint de faire plus d'un repas par jour. Sa dévotion à la passion du Rédempteur et aux douleurs de sa sainte mère était si fervente, que dans ses promenades elle récitait continuellement le rosaire, se servant, pour compter les dizaines, des feuilles des oliviers ou des lentisques. Son goût pour la retraite et les exercices religieux, son éloignement pour les bals et les divertissements profanes, l'avaient fait surnommer la *viejecita*, la petite vieille. Mais sa solitude et son abstinence étaient récompensées par les visites des anges et de toute la cour céleste : Jésus-Christ, sa mère et les saints se faisaient ses domestiques ; Marie la soignait dans ses maladies ; saint Bruno la relevait dans ses chutes ; saint Antoine l'accompagnait dans l'obscurité de la nuit, portant et remplissant sa cruche à la fontaine ; sainte Catherine sa patronne accommodait ses cheveux et la soignait en tout comme eût fait une mère attentive et vigilante ; saint Côme et saint Damien guérissaient les blessures qu'elle avait reçues dans ses luttes avec le démon, car

---

prise dans la langue provençale. De toutes les langues romanes, la mallorquine est celle qui a subi le moins de variations, concentrée qu'elle est dans ses îles, où elle est préservée de tout contact étranger. Le languedocien, aujourd'hui même dans son état de décadence, le gracieux patois languedocien de Montpellier et de ses environs, est celui qui offre le plus d'analogie avec le mallorquin ancien et moderne. Cela s'explique par les fréquents séjours que les rois d'Aragon faisaient avec leur cour dans la ville de Montpellier. Pierre II, tué à Muret (1213) en combattant Simon de Montfort, avait épousé Marie, fille d'un comte de Montpellier, et eut de ce mariage Jaime Ier, dit *lo Conquistador*, qui naquit dans cette ville et y passa les premières années de son enfance. Un des caractères qui distinguent l'idiome mallorquin des autres dialectes romans de la langue d'oc, ce sont les articles *es* as grammaire populaire, et, chose à remarquer, ces articles se trouvent encore la plupart dans la langue vulgaire de quelques localités de l'île de Sardaigne. Indépendamment de l'article *lo* masculin, le, et *la* féminin, la, mallorquin a les articles suivants :

MASCULIN. — Singulier : *So*, le ; *sos*, les, au pluriel.
FÉMININ. — Singulier : *Sa*, la ; *sas*, les, au pluriel.
MASCULIN ET FÉMININ. — Singulier : *Es*, le ; *ets*, les, au pluriel.
MASCULIN. — Singulier : *En*, le ; *ns*, la, au féminin singulier ; *nas*, les, au féminin pluriel.

Nous devons déclarer en passant que ces articles, quoique d'un usage antique, n'ont jamais été employés dans les instruments qui datent de la conquête des Baléares par les Aragonais ; c'est-à-dire que dans ces îles, comme dans les contrées italiques, deux langues régnaient simultanément : la rustique, *plebea*, à l'usage des peuples (celle-là change peu) ; et la langue académique littéraire, *aulica illustra*, que le temps, la civilisation ou le génie épurent ou perfectionnent. Ainsi, aujourd'hui, le castillan est la langue littéraire des Espagnes ; cependant chaque province a conservé pour l'usage journalier son dialecte spécial. A Mallorca, le castillan n'est guère employé que dans les circonstances officielles ; mais dans la vie habituelle, chez le peuple comme chez les grands seigneurs, vous n'entendrez parler que le mallorquin. Si vous passez devant le balcon où une jeune fille, une Atlote (du mauresque *aila*, *tella*), arrose ses fleurs, c'est dans son doux idiome national que vous l'entendrez chanter :

Sas atlotes, tots es diumenges,
Quan no tenen res mes que fer,
Van à regar es claveller,
Dihent-li : Veu! jà que no menjes!

« Les jeunes filles, tous les dimanches,
« Lorsqu'elles n'ont rien de mieux à faire
« Vont arroser le pot d'œillets ;
« Et lui disent : Bois, puisque tu ne manges pas ! »

La musique qui accompagne les paroles de la jeune fille est rhythmée à la mauresque, dans un ton tristement cadencé qui vous pénètre et vous fait rêver. Cependant la mère prévoyante qui a entendu la jeune fille ne manque pas de lui répondre :

Atlotes, filau ! filau !
Que sa camya sa riu ;

sa victoire n'était pas sans combat; enfin saint Pierre et saint Paul se tenaient à ses côtés pour l'assister et la défendre dans les tentations.

« Elle embrassa la règle de saint Augustin dans le monastère de Sainte-Madeleine de Palma, et fut l'exemple des pénitentes, et, comme le chante l'Église en ses prières, obéissante, pauvre, chaste et humble. Ses historiens lui attribuent l'esprit de prophétie et le don des miracles. Ils rapportent que, pendant qu'on faisait à Mallorca des prières publiques pour la santé du pape Pie V, un jour Catalina les interrompit tout à coup en disant qu'elles n'étaient plus nécessaires, puisqu'à cette même heure le pontife venait de quitter ce monde, ce qui se trouva vrai.

« Elle mourut le 5 avril 1574, en prononçant ces paroles du Psalmiste : — « Seigneur, je remets mon esprit entre vos mains. »

« Sa mort fut regardée comme une calamité publique; on lui rendit les plus grands honneurs. Une pieuse dame de Mallorca, doña Juana de Pochs, remplaça le sépulcre en bois dans lequel on avait déposé d'abord la sainte fille par un autre en albâtre magnifique qu'elle commanda à Gênes; elle institua en outre, par son testament, une messe pour le jour de la translation de la bienheureuse, et une autre pour le jour de sainte Catherine sa patronne ; elle voulut qu'une lampe brûlât perpétuellement sur son tombeau.

« Le corps de cette sainte fille est conservé aujourd'hui dans le couvent des religieuses de la paroisse Sainte-Eulalie, où le cardinal Despuig lui a consacré un autel et un service religieux . »

J'ai rapporté complaisamment toute cette petite légende, parce qu'il n'entre pas du tout dans mes idées de nier la sainteté, et je dis la sainteté véritable et de bon aloi, des âmes ferventes. Quoique l'enthousiasme et les visions de la petite montagnarde de Valldemosa n'aient plus le même sens religieux et la même valeur

Y sinó l'apadassau,
No v's arribat 'à s'estiu !

« Fillettes, filez ! filez !
« Car la chemise va s'usant (littéralement, la chemise rit).
« Et si vous n'y mettez une pièce,
« Elle ne pourra vous durer jusqu'à l'été. »

Le mallorquin, surtout dans la bouche des femmes, a pour l'oreille des étrangers un charme particulier de suavité et de grâce. Lorsqu'une Mallorquine vous dit ces paroles d'adieu, si doucement mélodieuses : « Bona nit tengua ! es meu có no basta per di li : Adios ! » « Bonne nuit ! mon cœur ne suffit pas à vous dire : Adieu » il semble qu'on pourrait noter la molle cantilène comme une phrase musicale.

Après ces échantillons de la langue vulgaire mallorquine, je me permettrai de citer un exemple de l'ancienne langue académique. C'est le Mercader mallorqui (le marchand mallorquin), troubadour du quatorzième siècle, qui chante les rigueurs de sa dame et prend ainsi congé d'elle :

Cercats d'uy may, 'a slats bella e nros,
'quels vostres pres, e laus, e ris piesents,
Car vengut es lo temps que m'aurets mens.
No n' aueirà vostre 'sguard amorós ,
Ne la semblança gaya;
Car trobat n'ay
Altra qui m'play,
Soi que lui piaya !
Altra, sens vos, per que l'in volray be,
E tindr' en car s'amor, que 'xi s'conve.

« Cherchez désormais, quoique vous soyez belle et noble, [vous ;
« Ces mêmes, ces louanges, ces sourires charmants qui n'étaient que pour
« Or, le temps est venu où vous m'aurez moins près de vous.
« Votre regard d'amour ne pourra plus me tuer,
« Ni votre feinte gaieté,
« Car j'en ai trouvé
« Une autre qui me plaît ;
« Si je pouvais seulement lui plaire !
« Une autre, non plus vous, ce dont je lui saurai gré,
« De qui l'amour me sera cher : ainsi dois-je faire. »

Les Mallorquins, comme tous les peuples méridionaux, sont naturellement musiciens et poëtes, où, comme disaient leurs anciens troubadours, trobadors, ce que nous pourrions traduire par improvisateurs. L'île de Mallorca en compte encore plusieurs qui ont une réputation méritée, entre autres les deux qui habitent Soller. C'est à ces trobadors que s'adressent ordinairement les amants heureux ou malheureux, moyennant finance, et, d'après les renseignements qu'on leur a donnés, les troubadours font sous les balcons des jeunes filles, à une heure avancée de la nuit, chantant les coblas improvisés sur le ton de l'éloge ou de la plainte, quelquefois même de l'injure, mais ceux-là n'osent pas adresser ceux qui paient le musicien. Les étrangers peuvent se donner ce plaisir, qui ne tire pas à conséquence dans l'île de Mallorca. (Note de M. Tastu.)

philosophique que les inspirations et les extases des saints du beau temps chrétien, la viejecita Tomasa n'en est pas moins une cousine germaine de la poétique bergère sainte Geneviève et de la bergère sublime Jeanne d'Arc. En aucun temps l'Église romaine n'a refusé de marquer des places d'honneur dans le royaume des cieux aux plus humbles enfants du peuple; mais les temps sont venus où elle condamne et rejette ceux des apôtres qui veulent agrandir la place du peuple dans le royaume de la terre. La pagesa Catalina était *obéissante, pauvre, chaste et humble* : les pagès valldemosans ont si peu profité de ses exemples et si peu compris sa vie, qu'ils voulurent un jour lapider mes enfants parce que mon fils dessinait les ruines du couvent, ce qui leur parut une profanation. Ils faisaient comme l'Église, qui d'une main allumait les bûchers de l'auto-da-fé et de l'autre encensait l'effigie de ses saints et de ses bienheureux.

Ce village de Valldemosa, qui se targue du droit de s'appeler ville dès le temps des Arabes, est situé dans le giron de la montagne, de plain-pied avec la Chartreuse, dont il semble être une annexe. C'est un amas de nids d'hirondelles de mer ; il est dans une site presque inaccessible, et ses habitants sont pour la plupart des pêcheurs qui partent le matin pour ne rentrer qu'à la nuit. Pendant tout le jour, le village est rempli de femmes, les plus babillardes du monde, que l'on voit sur le pas des portes, occupées à rapetasser les filets ou les chausses de leurs maris, en chantant à tue-tête. Elles sont aussi dévotes que les hommes ; mais leur dévotion est plus intolérante, parce qu'elle est plus sincère. C'est une supériorité que, là comme partout, elles ont sur l'autre sexe. En général, l'attachement des femmes aux pratiques du culte est une affaire d'enthousiasme, d'habitude ou de conviction, tandis que chez les hommes c'est le plus souvent une affaire d'ambition ou d'intérêt. La France en a offert une assez forte preuve sous les règnes de Louis XVIII et de Charles X, alors que l'on achetait les grands et les petits emplois de l'administration et de l'armée avec un billet de confession ou une messe.

L'attachement des Majorquins pour les moines est fondé sur des motifs de cupidité ; et je ne saurais mieux le faire comprendre qu'en citant l'opinion de M. Marliani, opinion d'autant plus digne de confiance qu'en général l'historien de l'Espagne moderne se montre opposé à la mesure de 1836, relative à l'expulsion subite des moines.

« Propriétaires bienveillants, dit-il, et peu soucieux de leur fortune, ils avaient créé des intérêts réels entre eux et les paysans ; les colons qui travaillaient les biens des couvents n'éprouvaient pas de grandes rigueurs, quant à la quotité comme à la régularité des fermages. Les moines, sans avenir, ne thésaurisaient pas, et du moment où les biens qu'ils possédaient suffisaient aux exigences de l'existence matérielle de chacun d'eux, ils se montraient fort accommodants pour tout le reste. La brusque spoliation des moines blessait donc les calculs de fainéantise et d'égoïsme des paysans : ils comprirent fort bien que le gouvernement et le nouveau propriétaire seraient plus exigeants qu'une corporation de parasites sans intérêts de famille ni de société. Les mendiants qui pullulaient aux portes du réfectoire ne reçurent plus les restes d'oisifs repus. »

Le carlisme des paysans majorquins ne peut s'expliquer que par des raisons matérielles ; car il est impossible, d'ailleurs, de voir une province moins liée à l'Espagne par un sentiment patriotique, ni une population moins portée à l'exaltation politique. Au milieu des vœux secrets qu'ils formaient pour la restauration des vieilles coutumes, ils étaient cependant effrayés de tout nouveau bouleversement, quel qu'il pût être ; et l'alerte qui avait fait mettre l'île en état de siége, à l'époque de notre séjour, n'avait guère moins effrayé les partisans de don Carlos à Majorque que les défenseurs de la reine Isabelle. Cette alerte est un fait qui point assez bien, je ne dirai pas la poltronnerie des Majorquins (je les crois très-capables de faire de bons soldats), mais les anxiétés produites par le souci de la propriété et l'égoïsme du repos.

Un vieux prêtre rêva une nuit que sa maison était envahie par des brigands; il se lève tout effaré, sous l'impression de ce cauchemar, et réveille sa servante; celle-ci partage sa terreur, et, sans savoir de quoi il s'agit, réveille tout le voisinage par ses cris. L'épouvante se répand dans tout le hameau, et de là dans toute l'île. La nouvelle du débarquement de l'armée carliste s'empare de toutes les cervelles, et le capitaine-général reçoit la déposition du prêtre, qui, soit la honte de se dédire, soit le délire d'un esprit frappé, affirme qu'il a vu les carlistes. Sur-le-champ toutes les mesures furent prises pour faire face au danger : Palma fut déclarée en état de siége, et toutes les forces militaires de l'île furent mises sur pied.

Cependant rien ne parut, aucun buisson ne bougea, aucune trace d'un pied étranger ne s'imprima, comme dans l'île de Robinson, sur le sable du rivage. L'autorité punit le pauvre prêtre de l'avoir rendue ridicule, et, au lieu de l'envoyer promener comme un visionnaire, l'envoya en prison comme un séditieux. Mais les mesures de précautions ne furent pas révoquées, et, lorsque nous quittâmes Majorque, à l'époque des exécutions de Maroto, l'état de siége durait encore.

Rien de plus étrange que l'aspect de mystère que les Majorquins semblaient vouloir se faire les uns aux autres des événements qui bouleversaient alors la face de l'Espagne. Personne n'en parlait, si ce n'est en famille et à voix basse. Dans un pays où il n'y a vraiment ni méchanceté ni tyrannie, il est inouï comment on voit régner une méfiance aussi ombrageuse. Je n'ai rien lu de si plaisant que les articles du Journal de Palma, et j'ai toujours regretté de n'en pas avoir emporté quelques numéros pour échantillons de la polémique majorquine. Mais voici, sans exagération, celui dans laquelle, après avoir rendu compte des faits, on en expliquait le sens et l'authenticité :

« Quelque prouvés que puissent paraître ces événements aux yeux des personnes disposées à les accueillir, nous ne saurions trop recommander à nos lecteurs de en attendre la suite avant de les juger. Les réflexions qui se présentent à l'esprit en présence de pareils faits demandent à être mûries, dans l'attente d'une certitude que nous ne voulons pas révoquer en doute, mais que nous ne prendrons pas sur nous de hâter par d'imprudentes assertions. Les destinées de l'Espagne sont enveloppées d'un voile que nul ne tardera pas à être soulevé, mais auquel nul ne doit porter avant le temps une main imprudente. Nous nous abstiendrons jusque-là d'émettre notre opinion, et nous conseillerons aux esprits sages de ne point se prononcer sur les actes des divers partis, avant d'avoir vu la situation se dessiner plus nettement, » etc.

La prudence et la réserve sont, de l'aveu même des Majorquins, la tendance dominante de leur caractère. Les paysans ne vous rencontrent jamais dans la campagne sans échanger avec vous un salut; mais si vous leur adressez une parole de plus sans être connu d'eux, ils se gardent bien de vous répondre, quand même vous parleriez leur patois. Il suffit que vous ayez un air étranger pour qu'ils vous craignent et se détournent du chemin pour vous éviter.

Nous eussions pu vivre cependant en bonne intelligence avec ces braves gens, si nous eussions fait acte de présence à leur église. Ils ne nous eussent pas moins rançonnés en toute occasion, mais nous eussions pu nous promener au milieu de leurs champs sans risquer d'être atteints de quelque pierre à la tête au détour d'un buisson. Malheureusement cet acte de prudence ne nous vint pas à l'esprit dans les commencements, et nous restâmes presque jusqu'à la fin sans savoir combien notre manière d'être les scandalisait. Ils nous appelaient païens, mahométans et juifs; ce qui est pis que tout, selon eux. L'alcade nous signalait à la désapprobation de ses administrés; je ne sais pas si le curé ne nous prenait point pour texte de ses sermons. La blouse et le pantalon de ma fille les scandalisaient beaucoup aussi. Ils trouvaient fort mauvais qu'une *jeune personne* de neuf ans courût les montagnes *déguisée en homme*. Ce n'étaient pas seulement les paysans qui affectaient cette pruderie.

Le dimanche, le cornet à bouquin qui retentissait dans le village et sur les chemins pour avertir les retardataires de se rendre aux offices nous poursuivait en vain dans la Chartreuse. Nous étions sourds, parce que nous ne comprenions pas, et quand nous eûmes compris, nous le fûmes encore davantage. Ils eurent alors un moyen de venger la gloire de Dieu, qui n'était pas chrétien du tout. Ils se liguèrent entre eux pour ne nous vendre du poisson, leurs œufs et leurs légumes qu'à des prix exorbitants. Il ne nous fut permis d'invoquer aucun tarif, aucun usage. A la moindre observation : *Vous n'en voulez pas?* disait le pagès d'un air de grand d'Espagne, en remettant ses oignons ou ses pommes de terre dans sa besace; *vous n'en aurez pas.* Et il se retirait majestueusement, sans qu'il fût possible de le faire revenir pour entrer en composition. Il nous faisait jeûner pour nous punir d'avoir marchandé.

Il fallait jeûner en effet. Point de concurrence ni de rabais entre les vendeurs. Celui qui venait le second demandait le double, et le troisième demandait le triple, si bien qu'il fallait être à leur merci et mener une vie d'anachorètes, plus dispendieuse que n'eût été à Paris une vie de prince. Nous avions la ressource de nous approvisionner à Palma par l'intermédiaire du cuisinier du consul, qui fut notre providence, et dont, si j'étais empereur romain, je voudrais mettre le bonnet de coton au rang des constellations. Mais les jours de pluie, aucun messager ne voulait se risquer sur les chemins, à quelque prix que ce fût; et comme il plut pendant deux mois, nous eûmes souvent du pain comme du biscuit de bler et de véritables dîners de chartreux.

C'eût été une contrariété fort mince si nous eussions tous été bien portants. Je suis fort sobre et même stoïque par nature à l'endroit du repas. Le splendide appétit de mes enfants faisait flèche de tout bois et régal de tout citron vert. Mon fils, que j'avais emmené frêle et malade, reprenait à la vie comme par miracle, et guérissait une affection rhumatismale des plus graves, en courant dès le matin, comme un lièvre échappé, dans les grandes plantes de la montagne, mouillé jusqu'à la ceinture. La Providence permettrait à la bonne nature de faire pour lui ces prodiges; c'était bien assez d'un malade.

Mais l'autre, loin de prospérer avec l'air humide et les privations, dépérissait d'une manière effrayante. Quoiqu'il fût condamné par toute la faculté de Palma, il n'avait aucune affection chronique; mais l'absence de régime fortifiant l'avait jeté, à la suite d'un catarrhe, dans un état de langueur dont il ne pouvait se relever. Il se résignait, comme on sait se résigner pour soi-même; nous, nous ne pouvions pas nous résigner pour lui, et je connus pour la première fois de grands chagrins pour de petites contrariétés, la colère pour un bouillon poivré ou *chippé* par les servantes, l'anxiété pour un pain frais qui n'arrivait pas, ou qui s'était changé en éponge en traversant le torrent sur les flancs d'un mulet. Je ne me souviens certainement pas de ce que j'ai mangé à Pise ou à Trieste, mais je vivrais cent ans, que je n'oublierais pas l'arrivée du panier aux provisions à la Chartreuse. Que n'eussé-je pas donné pour avoir un consommé et un verre de bordeaux à offrir tous les jours à notre malade! Les aliments majorquins, et surtout la manière dont ils étaient apprêtés, quand nous n'y avions pas l'œil et la main, lui causaient un invincible dégoût. Dirai-je jusqu'à quel point ce dégoût était fondé? Un jour qu'on nous servait un maigre poulet, nous vîmes sautiller sur son dos fumant d'énormes *maîtres Floh*, dont Hoffmann eût fait autant de malins esprits, mais que certainement il n'eût pas mangés en sauce. Mes enfants furent pris d'un si bon rire d'enfants qu'ils faillirent tomber sous la table.

Le fond de la cuisine majorquine est invariablement

Valldemosa.

le cochon sous toutes les formes et sous tous les aspects. C'est là qu'eût été de saison le dicton du petit Savoyard faisant l'éloge de sa gargotte, et disant avec admiration qu'on y mange cinq sortes de viandes, à savoir : du cochon, du porc, du lard, du jambon et du salé. A Majorque, on fabrique, j'en suis sûr, plus de deux mille sortes de mets avec le porc, et au moins deux cents espèces de boudins, assaisonnés d'une telle profusion d'ail, de poivre, de piment et d'épices corrosives de tout genre, qu'on y risque la vie à chaque morceau. Vous voyez paraître sur la table vingt plats qui ressemblent à toutes sortes de mets chrétiens : ne vous y fiez pas cependant; ce sont des drogues infernales cuites par le diable en personne. Enfin vient au dessert une tarte en pâtisserie de fort bonne mine, avec des tranches de fruit qui ressemblent à des oranges sucrées; c'est une tourte de cochon à l'ail, avec des tranches de *tomatigas*, de pommes d'amour et de piment, le tout saupoudré de sel blanc que vous prendriez pour du sucre à son air d'innocence. Il y a bien des poulets, mais ils n'ont que la peau et les os. A Valldemosa, chaque graine qu'on nous eût vendue pour les engraisser eût été taxée sans doute un réal. Le poisson qu'on nous apportait de la mer était aussi plat et aussi sec que les poulets.

Un jour nous achetâmes un calmar de la grande espèce, pour avoir le plaisir de l'examiner. Je n'ai jamais vu d'animal plus horrible. Son corps était gros comme celui d'un dindon, ses yeux larges comme des oranges, et ses bras flasques et hideux, déroulés, avaient quatre à cinq pieds de long. Les pêcheurs nous assuraient que c'était un friand morceau. Nous ne fûmes point alléchés par sa mine, et nous en fîmes hommage à la Maria-Antonia, qui l'apprêta et le dégusta avec délices.

Si notre admiration pour le calmar fit sourire ces bonnes gens, nous eûmes bien notre tour quelques jours après. En descendant la montagne, nous vîmes les pagès quitter leurs travaux et se précipiter vers des gens arrêtés sur le chemin, qui portaient dans un panier une paire d'oiseaux admirables, extraordinaires, merveilleux, incompréhensibles. Toute la poulation de la montagne fut mise en émoi par l'apparition de ces volatiles inconnus. « Qu'est-ce que cela mange? » se disait-on en les regardant. Et quelques-uns répondaient : « Peut-être que cela ne mange pas! — Cela vit-il sur terre ou sur mer? — Probablement cela vit toujours dans l'air. » Enfin les deux oiseaux avaient failli être étouffés par l'admi-

Escalier du château de Valldemosa.

ration publique, lorsque nous vérifiâmes que ce n'étaient ni des condors, ni des phénix, ni des hippogriffes, mais bien deux belles oies de basse-cour qu'un riche seigneur envoyait en présent à un de ses amis.

À Majorque comme à Venise, les vins liquoreux sont abondants et exquis. Nous avions pour ordinaire du moscatel aussi bon et aussi peu cher que le chypre qu'on boit sur le littoral de l'Adriatique. Mais les vins rouges, dont la préparation est un art véritable, inconnu aux Majorquins, sont durs, noirs, brûlants, chargés d'alcool, et d'un prix plus élevé que notre plus simple ordinaire de France. Tous ces vins chauds et capiteux étaient fort contraires à notre malade, et même à nous, à telles enseignes que nous bûmes presque toujours de l'eau, qui était excellente. Je ne sais si c'est à la pureté de cette eau de source qu'il faut attribuer un fait dont nous fîmes bientôt la remarque : nos dents avaient acquis une blancheur que tout l'art des parfumeurs ne saurait donner aux Parisiens les plus recherchés. La cause en fut peut-être dans notre sobriété forcée. N'ayant pas de beurre, et ne pouvant supporter la graisse, l'huile nauséuse et les procédés incendiaires de la cuisine indigène, nous vivions de viande fort maigre, de poisson et de légumes, le tout assaisonné, en fait de sauce, de l'eau du torrent à laquelle nous avions parfois le sybaritisme de mêler le jus d'une orange verte fraîchement cueillie dans notre parterre. En revanche, nous avions des desserts splendides : des patates de Malaga et des courges de Valence confites, et du raisin digne de la terre de Chanaan. Ce raisin, blanc ou rose, est oblong, et couvert d'une pellicule un peu épaisse, qui aide à sa conservation pendant toute l'année. Il est exquis, et on en peut manger tant qu'on veut sans éprouver le gonflement d'estomac que donne le nôtre. Le raisin de Fontainebleau est aqueux et frais; celui de Majorque est sucré et charnu. Dans l'un il y a à manger, dans l'autre à boire. Ces grappes, dont quelques-unes pesaient de vingt à vingt-cinq livres, eussent fait l'admiration d'un peintre. C'était notre ressource dans les temps de disette. Les paysans croyaient nous le vendre fort cher en nous le faisant payer quatre fois sa valeur; mais ils ne savaient pas que, comparativement au nôtre, ce n'était rien encore; et nous avions le plaisir de nous moquer les uns des autres. Quant aux figues de cactus, nous n'eûmes pas de discussion : c'est bien le plus détestable fruit que je sache.

Si les conditions de cette vie frugale n'eussent été, je le répète, contraires et même funestes à l'un de nous, les autres l'eussent trouvée fort acceptable en elle-même. Nous avions réussi même à Majorque, même dans une chartreuse abandonnée, même aux prises avec les paysans les plus rusés du monde, à nous créer une sorte de bien-être. Nous avions des vitres, des portes et un poêle, un poêle unique en son genre, que le premier forgeron de Palma avait mis un mois à forger, et qui nous coûta cent francs. C'était tout simplement un cylindre de fer avec un tuyau qui passait par la fenêtre. Il fallait bien une heure pour l'allumer, et à peine l'était-il, qu'il devenait rouge, et qu'après avoir ouvert longtemps les portes pour faire sortir la fumée, il fallait les rouvrir presque aussitôt pour faire sortir la chaleur. En outre, le soi-disant fumiste l'avait enduit à l'intérieur, en guise de mastic, d'une matière dont les Indiens enduisent leurs maisons et même leurs personnes par dévotion, la vache étant réputée chez eux, comme on sait, un animal sacré. Quelque purifiante pour l'âme que pût être cette odeur sainte, j'atteste qu'au feu elle est peu détectable pour les sens. Pendant un mois que ce mastic mit à sécher, nous pûmes croire que nous étions dans un des cercles de l'enfer où Dante prétend avoir vu les adulateurs. J'avais beau chercher dans ma mémoire par quelle faute de ce genre j'avais pu mériter un pareil supplice, quel pouvoir j'avais encensé, quel pape ou quel roi j'avais encouragé dans son erreur par mes flatteries; je n'avais pas seulement un garçon de bureau ou un huissier de la chambre sur la conscience, pas même une révérence à un gendarme ou à un journaliste!

Heureusement le chartreux pharmacien nous vendit du benjoin exquis, reste de la provision de parfums dont on encensait naguère, dans l'église de son couvent, l'image de la Divinité; et cette émanation céleste combattit victorieusement, dans notre cellule, les exhalaisons du huitième fossé de l'enfer.

Nous avions un mobilier splendide : des lits de sangle irréprochables, des matelas peu mollets, plus chers qu'à Paris, mais neufs et propres, et de ces grands et excellents couvre-pieds en indienne ouatée et piquée que les juifs vendent assez bon marché à Palma. Une dame française, établie dans le pays, avait eu la bonté de nous céder quelques livres de plumes qu'elle avait fait venir de Marseille et dont nous avions fait deux oreillers à notre malade. C'était certes un grand luxe dans une contrée où les oies passent pour des êtres fantastiques, et où les poulets ont des démangeaisons même en sortant de la broche.

Nous possédions plusieurs tables, plusieurs chaises de paille comme celles qu'on voit dans nos chaumières de paysans, et un sofa voluptueux en bois blanc avec des coussins de toile à matelas rembourrés de laine. Le sol, très-inégal et très-poudreux de la cellule, était couvert de ces nattes valenciennes à longues pailles qui ressemblent à un gazon jauni par le soleil, et de ces belles peaux de moutons à longs poils, d'une finesse et d'une blancheur admirables, qu'on prépare fort bien dans le pays.

Comme chez les Africains et les Orientaux, il n'y a point d'armoires dans les anciennes maisons de Majorque, et surtout dans les cellules de chartreux. On y serre ses effets dans de grands coffres de bois blanc. Nos malles de cuir jaune pouvaient passer là pour des meubles très-élégants. Un grand châle tartan bariolé, qui nous avait servi de tapis de pied en voyage, devint une portière somptueuse devant l'alcôve, et mon fils orna le poêle d'une de ces charmantes urnes d'argile de Felanitz, dont la forme et les ornements sont de pur goût arabe.

Felanitz est un village de Majorque qui mériterait d'approvisionner l'Europe de ces jolis vases, si légers qu'on les croirait de liége, et d'un grain si fin qu'on en prendrait l'argile pour une matière précieuse. On fait là de petites cruches d'une forme exquise dont on se sert comme de carafes, et qui conservent l'eau dans un état de fraîcheur admirable. Cette argile est si poreuse que l'eau s'échappe à travers les flancs du vase, et qu'en moins d'une demi-journée il est vide. Je ne suis pas physicien le moins du monde, et peut-être la remarque que j'ai faite est plus que niaise; quant à moi, elle m'a semblé merveilleuse, et mon vase d'argile m'a souvent paru enchanté : nous le laissions rempli d'eau sur le poêle, dont la table en fer était presque toujours rouge, et quelquefois, quand l'eau s'était enfuie par les pores du vase, le vase, étant resté à sec sur cette plaque brûlante, ne cassait point. Tant qu'il contenait une goutte d'eau, cette eau était d'un froid glacial, quoique la chaleur du poêle fît noircir le bois qu'on posait dessus.

Ce joli vase, entouré d'une guirlande de lierre cueillie sur la muraille extérieure, était plus satisfaisant pour des yeux d'artistes que toutes les dorures de nos Sèvres modernes. Le pianino de Pleyel, arraché aux mains des douaniers après trois semaines de pourparlers et quatre cents francs de contribution, remplissait la voûte élevée et retentissante de la cellule d'un son magnifique. Enfin, le sacristain avait consenti à transporter chez nous une belle grande chaise gothique sculptée en chêne, que les rats et les vers rongeaient dans l'ancienne chapelle des Chartreux, et dont le coffre nous servait de bibliothèque, en même temps que ses découpures légères et ses aiguilles effilées, projetant sur la muraille, au reflet de la lampe du soir, l'ombre de sa riche dentelle noire et de ses clochetons agrandis, rendaient à la cellule tout son caractère antique et monacal.

Le seigneur Gomez, notre ex-propriétaire de Son-Vent, ce riche personnage qui nous avait loué sa maison en cachette, parce qu'il n'était pas convenable qu'un citoyen de Majorque eût l'air de spéculer sur sa propriété, nous avait fait un esclandre et menacés d'un procès pour avoir brisé chez lui (*estropeado*) quelques assiettes de terre de pipe qu'il nous fit payer comme des porcelaines de Chine. En outre, il nous fit payer (toujours par menace) le *badigeonnage* de *recipage* de toute sa maison, à cause de la contagion du rhume. A quelque chose malheur est bon, car il s'empressa de nous vendre le linge de maison qu'il nous avait loué; et, quoiqu'il fût pressé de se défaire de tout ce que nous avions touché, il n'oublia pas de bataillier jusqu'à ce que nous eussions payé son vieux linge comme du neuf. Grâce à lui, nous ne fûmes donc pas forcés de semer du lin pour avoir un jour des draps et des nappes, comme ce seigneur italien qui accordait des chemises à ses pages.

Il ne faut pas qu'on m'accuse de puérilité parce que je rapporte des vexations dont, à coup sûr, je n'ai pas conservé plus de ressentiment que ma bourse de regret; mais personne ne contestera que ce qu'il y a de plus intéressant à observer en pays étranger, ce sont les hommes; et quand je dirai que je n'ai pas eu une seule relation d'argent, si petite qu'elle fût, avec les Majorquins, où je n'aie rencontré de leur part une mauvaise foi impudente et une avidité grossière; et quand j'ajouterai qu'ils étalaient leur dévotion devant nous en affectant d'être indignés de notre peu de foi, on conviendra que la piété des âmes simples, si vantée par certains conservateurs de nos jours, n'est pas toujours la chose la plus édifiante et la plus morale du monde, et qu'il doit être permis de désirer une autre manière de comprendre et d'honorer Dieu. Quant à moi, à qui l'on a tant rebattu les oreilles de ces lieux communs : que c'est un crime et un danger d'attaquer même une foi erronée et corrompue, parce que l'on n'a rien à mettre à la place; que les peuples qui ne sont point infectés du poison de l'examen philosophique et de la frénésie révolutionnaire sont seuls moraux, hospitaliers, sincères; qu'ils ont encore de la poésie, de la grandeur et des vertus antiques, etc., etc.!.... j'ai ri à Majorque un peu plus qu'ailleurs, je l'avoue, de ces graves objections. Lorsque je voyais mes petits enfants, élevés dans l'abomination de la désolation de la philosophie, servir et assister avec joie un ami souffrant, eux tout seuls, au milieu de cent soixante mille Majorquins qui se seraient détournés avec la plus dure inhumanité, avec la plus lâche terreur, d'une maladie repue de contagieuse, je me disais que ces petits scélérats avaient plus de raison et de charité que toute cette population de saints et d'apôtres.

Ces pieux serviteurs de Dieu ne manquaient pas de dire que je commettais un grand crime en exposant mes enfants à la contagion, et que, pour me punir de mon aveuglement, le ciel leur enverrait la même maladie. Je leur répondais que, dans notre famille, si l'un de nous avait la peste, les autres ne s'écarteraient pas de son lit; que ce n'était pas l'usage en France, pas plus depuis la révolution qu'auparavant, d'abandonner les malades; que des prisonniers espagnols affectés des maladies les plus intenses et les plus pernicieuses avaient traversé nos campagnes du temps des guerres de Napoléon, et que nos paysans, après avoir partagé avec eux leur gamelle et leur linge, leur avaient cédé leur lit, et s'étaient tenus auprès pour les soigner, que plusieurs avaient été victimes de leur zèle, et avaient succombé à la contagion, ce qui n'avait pas empêché les survivants de pratiquer l'hospitalité et la charité : le Majorquin secouait la tête et souriait de pitié. La notion du dévouement envers un inconnu ne pouvait pas plus entrer dans sa cervelle que celle de la probité ou même de l'obligeance envers un étranger.

Tous les voyageurs qui ont visité l'intérieur de l'île ont été émerveillés pourtant de l'hospitalité et du désintéressement du fermier majorquin. Ils ont écrit avec admiration que, s'il n'y avait pas d'auberge en ce pays, il n'en était pas moins facile et agréable de parcourir des campagnes où *une simple recommandation* suffit pour qu'on soit reçu, hébergé et fêté gratis. Cette simple recommandation est un fait assez important, ce me semble. Ces voyageurs ont oublié de dire que toutes les castes de Majorque, et partant tous les habitants, sont dans une solidarité d'intérêts qui établit entre eux de bons et faciles rapports, où la charité religieuse et la sympathie humaine n'entrent cependant pour rien. Quelques mots expliqueront cette situation financière.

Les nobles sont riches quant au fonds, indigents quant au revenu, et ruinés grâce aux emprunts. Les juifs, qui sont nombreux, et riches en argent comptant, ont toutes les terres des chevaliers en portefeuille, et l'on peut dire que de fait l'île leur appartient. Les chevaliers ne sont plus que de nobles représentants chargés de se faire les uns aux autres, ainsi qu'aux rares étrangers qui abordent dans l'île, les honneurs de leurs domaines et de leurs palais. Pour remplir dignement ces fonctions élevées, ils ont recours chaque année à la bourse des juifs, et chaque année la boule de neige grossit. J'ai dit précédemment combien le revenu des terres est paralysé à cause du manque de débouchés et d'industrie; cependant il y a un point d'honneur pour les pauvres chevaliers à consommer lentement et paisiblement leur ruine sans déroger au luxe, je ferais mieux de dire à l'indigente prodigalité de leurs ancêtres. Les agioteurs sont donc dans un rapport continuel d'intérêts avec les cultivateurs, dont ils touchent en partie les fermages, en vertu des titres à eux concédés par les chevaliers.

Ainsi le paysan, qui trouve peut-être son compte à cette division dans sa créance, paie à son seigneur le moins possible et au banquier le plus qu'il peut. Le seigneur est dépendant et résigné, le juif est inexorable, mais patient. Il fait des concessions, il affecte une grande tolérance, il donne du temps, car il poursuit son but avec un génie diabolique : dès qu'il a mis sa griffe sur une propriété, il faut pièce à pièce elle vienne toute à lui, et son intérêt est de se rendre nécessaire jusqu'à ce que la dette ait atteint la valeur du capital. Dans vingt ans il n'y aura plus de seigneurie à Majorque. Les juifs pourront s'y constituer à l'état de puissance, comme ils ont fait chez nous, et relever leur tête encore courbée et humiliée hypocritement sous les dédains mal dissimulés des nobles et l'horreur puérile et impuissante des prolétaires. En attendant, ils sont les vrais propriétaires du terrain, et le pagès tremble devant eux. Il se retourne vers son ancien maître avec douleur ; et, tout en pleurant de tendresse, il tire à soi les dernières bribes de sa fortune. Il est donc intéressé à satisfaire ces deux puissances, et même à leur complaire en toutes choses, afin de n'être pas écrasé entre les deux.

Soyez donc recommandé à un pagès, soit par un noble, soit par un riche (et par quels autres le seriez-vous, puisqu'il n'y a point là de classe intermédiaire?), et à l'instant s'ouvrira devant vous la porte du pagès. Mais essayez de demander un verre d'eau sans cette recommandation, et vous verrez !

Et pourtant ce paysan majorquin a de la douceur, de la bonté, des mœurs paisibles, une nature calme et patiente. Il n'aime point le mal, il ne connaît pas le bien. Il se confesse, il prie, il songe sans cesse à mériter le paradis ; mais il ignore les vrais devoirs de l'humanité. Il n'est pas plus haïssable qu'un bœuf ou un mouton, car il n'est guère plus homme que les êtres endormis dans l'innocence de la brute. Il récite des prières, il est superstitieux comme un sauvage ; mais il mangerait son semblable sans plus de remords, si c'était l'usage de son pays, et s'il n'avait pas du cochon à discrétion. Il trompe, rançonne, ment, insulte et pille, sans le moindre embarras de conscience. Un étranger n'est pas un homme pour lui. Jamais il ne dérobera une olive à son compatriote : au-delà des mers l'humanité n'existe dans les desseins de Dieu que pour apporter de petits profits aux Majorquins.

Nous avions surnommé Majorque *l'île des Singes*, parce que, nous voyant environnés de ces bêtes sournoises, pillardes et pourtant innocentes, nous nous étions habitués à nous préserver d'elles sans plus de rancune ou de dépit que n'en causent aux Indiens les jockos et les orangs espiègles et fuyards.

Cependant on ne s'habitue pas sans tristesse à voir des créatures revêtues de la forme humaine, et marquées du sceau divin, végéter ainsi dans une sphère qui n'est point celle de l'humanité présente. On sent bien que cet être imparfait est capable de comprendre, que sa race est perfectible, que son avenir est le même que celui des races plus avancées, et qu'il n'y a là qu'une question de temps, grande à nos yeux, inappréciable dans l'abîme de l'éternité. Mais plus on a le sentiment de cette perfectibilité, plus on souffre de la voir entravée par les chaînes du passé. Le temps d'arrêt, qui n'inquiète guère la Providence, épouvante et contriste notre existence d'un jour. Nous sentons par le cœur, par l'esprit, par les entrailles, que la vie de tous les autres est liée à la nôtre, que nous ne pouvons point nous passer d'aimer ou d'être aimés, de comprendre ou d'être compris, d'assister et d'être assistés. Le sentiment d'une supériorité intellectuelle et morale sur d'autres hommes ne réjouit que le cœur des orgueilleux. Je m'imagine que tous les cœurs généreux voudraient, non s'abaisser pour se niveler, mais élever à eux, en un clin d'œil, tout ce qui est au-dessous d'eux, afin de vivre enfin de la vraie vie de sympathie, d'échange, d'égalité et de communauté, qui est l'idéal religieux de la conscience humaine.

Je suis certain que ce besoin est au fond de tous les cœurs, et que ceux de nous qui le combattent et croient l'étouffer par des sophismes, en ressentent une souffrance étrange, amère, à laquelle ils ne savent pas donner un nom. Les hommes d'en bas s'usent ou s'éteignent quand ils ne peuvent monter ; ceux d'en haut s'indignent et s'affligent de leur tendre vainement la main ; et ceux qui ne veulent aider personne sont dévorés de l'ennui et de l'effroi de la solitude, jusqu'à ce qu'ils retombent dans un abrutissement qui les fait descendre au-dessous des premiers.

IV

Nous étions donc seuls à Majorque, aussi seuls que dans un désert ; et quand la subsistance de chaque jour était conquise, moyennant la guerre aux *singes*, nous nous asseyions en famille pour en rire autour du poêle. Mais à mesure que l'hiver avançait, la tristesse paralysait dans mon sein les efforts de gaieté et de sérénité. L'état de notre malade empirait toujours ; le vent pleurait dans le ravin, la pluie battait nos vitres, la voix du tonnerre perçait nos épaisses murailles et venait jeter sa note lugubre au milieu des rires et des jeux des enfants. Les aigles et les vautours, enhardis par le brouillard, venaient dévorer nos pauvres passereaux jusque sur le grenadier qui remplissait ma fenêtre. La mer furieuse retenait les embarcations dans les ports ; nous nous sentions prisonniers, loin de tout secours éclairé et de toute sympathie efficace. La mort semblait planer sur nos têtes pour s'emparer de l'un de nous, et nous étions seuls à lui disputer sa proie. Il n'y avait pas une seule créature humaine à notre portée qui n'eût voulu au contraire le pousser vers la tombe pour en finir plus vite avec le prétendu danger de son voisinage. Cette pensée d'hostilité était affreusement triste. Nous nous sentions bien assez forts pour remplacer les uns pour les autres, à force de soins et de dévouement, l'assistance et la sympathie qui nous étaient déniées ; je crois même que dans de telles épreuves le cœur grandit et l'affection s'exalte, retrempée de toute la force qu'elle puise dans le sentiment de la solidarité humaine. Mais nous souffrions dans nos âmes de nous voir jetés au milieu d'êtres qui ne comprenaient pas ce sentiment, et pour lesquels, loin d'être plaints par eux, il nous fallait ressentir la plus douloureuse pitié.

J'éprouvais d'ailleurs de vives perplexités. Je n'ai aucune notion scientifique d'aucun genre, et il m'eût fallu être médecin, et grand médecin, pour soigner la maladie dont toute la responsabilité pesait sur mon cœur.

Le médecin qui nous voyait, et dont je ne révoque en doute ni le zèle ni le talent, se trompait, comme tout médecin, même des plus illustres, peut se tromper, et comme, de son propre aveu, tout savant sincère s'est trompé souvent. La bronchite avait fait place à une excitation nerveuse qui produisait plusieurs des phénomènes d'une phthisie laryngée.

Le médecin qui avait vu ces phénomènes à de certains moments, et qui ne voyait pas les symptômes contraires, évidents pour moi à d'autres heures, s'était prononcé pour le régime qui convient aux phthisiques, pour la saignée, pour la diète, pour le laitage. Toutes ces choses étaient absolument contraires, et la saignée eût été mortelle. Le malade en avait l'instinct, et moi, qui, sans rien savoir de la médecine, ai soigné beaucoup de malades, j'avais le même pressentiment. Je tremblais pourtant de m'en remettre à cet instinct qui pouvait me tromper, et de lutter contre les affirmations d'un homme de l'art ; et quand je voyais la maladie empirer, j'étais véritablement livré à des angoisses que chacun doit comprendre. Une saignée le sauverait, me disait-on, et si vous vous y refusez, il va mourir. Pourtant il y avait une voix qui me disait jusque dans mon sommeil : Une saignée le tuerait, et si tu le lui préserves, il ne mourra pas. Je suis persuadée que cette voix était celle de la Providence, et aujourd'hui que notre ami, la terreur des Majorquins, est reconnu aussi peu phthisique que moi, je remercie le ciel de ne m'avoir pas ôté la confiance qui nous a sauvés.

Quant à la diète, elle était fort contraire. Quand nous en vîmes les mauvais effets, nous nous y conformâmes aussi peu que possible, mais malheureusement il n'y eut guère à opter entre les épices brûlantes du pays et la table la plus frugale. Le laitage, dont nous reconnûmes par la suite l'effet pernicieux, fut, par bonheur, assez rare à Majorque pour n'en produire aucun. Nous pensions encore à cette époque que le lait ferait merveille, et nous nous tourmentions pour en avoir. Il n'y a pas de vaches dans ces montagnes, et le lait de chèvre qu'on nous vendait était toujours bu en chemin par les enfants qui nous l'apportaient, ce qui n'empêchait pas que le vase ne nous arrivât plus plein qu'au départ. C'était un miracle qui s'opérait tous les matins pour le pieux messager lorsqu'il avait soin de faire sa prière dans la cour de la Chartreuse, auprès de la fontaine. Pour mettre fin à ces prodiges, nous nous procurâmes une chèvre. C'était bien la plus douce et la plus aimable personne du monde, une belle petite chèvre d'Afrique, au poil ras couleur de chamois, avec une tête sans cornes, le nez très-busqué et les oreilles pendantes. Ces animaux diffèrent beaucoup des nôtres. Ils ont la robe du chevreuil et le profil du mouton ; mais ils n'ont pas la physionomie espiègle et mutine de nos biquettes enjouées. Au contraire, ils semblent pleins de mélancolie. Ces chèvres diffèrent encore des nôtres en ce qu'elles ont les mamelles fort petites et donnent fort peu de lait. Quand elles sont dans la force de l'âge, ce lait a une saveur âpre et sauvage dont les Majorquins font beaucoup de cas, mais qui nous parut repoussante.

Notre amie de la Chartreuse en était à sa première maternité ; elle n'avait pas deux ans, et son lait était fort délicat ; mais elle en était fort avare, surtout lorsque, séparée du troupeau avec lequel elle avait coutume, non de gambader (elle était trop sérieuse, trop majorquine pour cela), mais de rêver au sommet des montagnes ; elle tomba dans un spleen qui n'était pas sans analogie avec le nôtre. Il y avait pourtant de bien belles herbes dans le préau, et des plantes aromatiques, naguère cultivées par les chartreux, croissaient encore dans les rigoles de notre parterre : rien ne la consola de sa captivité. Elle errait éperdue et désolée sous les cloîtres, poussant des gémissements à fendre les pierres. Nous lui donnâmes pour compagne une grosse brebis dont la laine blanche et touffue avait six pouces de long, une de ces brebis comme on n'en voit chez nous que sur la devanture des marchands de joujoux ou sur les éventails de nos grand'mères. Cette excellente compagne lui rendit un peu de calme, et nous donna elle-même un lait assez crémeux. Mais à elles deux, et quoique bien nourries, elles en fournissaient une si petite quantité, que nous nous méfiâmes des fréquentes visites que la Maria-Antonia, la niña et la Catalina rendaient à notre bétail. Nous les mîmes sous clef dans une petite cour au pied du clocher, et nous eûmes le soin de traire nous-mêmes. Ce lait, des plus légers, mêlé à du lait d'amandes que nous pilions alternativement, mes enfants et moi, faisait une tisane assez saine et assez agréable. Nous n'en usions guère avoir d'autre. Toutes les drogues de Palma étaient d'une malpropreté intolérable. Le sucre mal raffiné qu'on y apporte d'Espagne est noir, huileux, et doué d'une vertu purgative pour ceux qui n'en ont pas l'habitude.

Un jour nous nous crûmes sauvés, parce que nous aperçûmes des violettes dans le jardin d'un riche fermier. Il nous permit d'en cueillir de quoi faire une infusion, et, quand nous eûmes fait notre petit paquet, il nous le fit payer à raison d'un sou par violette : un sou majorquin, qui vaut trois sous de France.

À ces soins domestiques se joignait la nécessité de balayer nos chambres et de faire nos lits nous-mêmes quand nous tenions à dormir la nuit ; car la servante majorquine ne pouvait y toucher sans nous communiquer aussitôt, avec une intolérable prodigalité, les mêmes propriétés que mes enfants s'étaient tant réjouis de pouvoir observer sur le dos d'un poulet rôti. Il nous restait à peine quelques heures pour travailler et pour nous promener ; mais ces heures étaient bien employées. Les enfants étaient attentifs à la leçon, et nous n'avions ensuite qu'à mettre le nez hors de notre tanière pour entrer dans les paysages les plus variés et les plus admirables. À chaque pas, au milieu du vaste cadre des montagnes, s'offrait un accident pittoresque, une petite chapelle sur un rocher escarpé, un bouquet de rosages jeté à pic sur une pente lézardée, un ermitage auprès d'une source pleine de grands roseaux, un massif d'arbres sur d'énormes fragments de roches mousseuses et brodées de lierre. Quand le soleil daignait se montrer un instant, toutes ces plantes, toutes ces pierres et tous ces terrains lavés par la pluie prenaient une couleur éclatante et des reflets d'une incroyable fraîcheur.

Nous fîmes surtout deux promenades remarquables. Je ne me rappelle pas la première avec plaisir, quoiqu'elle fût magnifique d'aspects. Mais notre malade, alors bien portant (c'était au commencement de notre séjour à Majorque), voulut nous accompagner, et en ressentit une fatigue qui détermina l'invasion de sa maladie.

Notre but était un ermitage situé au bord de la mer, à trois milles de la Chartreuse. Nous suivîmes le bras droit de la chaîne, et montâmes de colline en colline, par un chemin pierreux qui nous hachait les pieds, jusqu'à la côte nord de l'île. A chaque détour du sentier, nous eûmes le spectacle grandiose de la mer, vue à des profondeurs considérables, au travers de la plus belle végétation. C'était la première fois que je voyais des rives fertiles, couvertes d'arbres et verdoyantes jusqu'à la première vague, sans falaises pâles, sans grèves désolées et sans plage limoneuse. Dans tout ce que j'ai vu des côtes de France, même sur les hauteurs de Port-Vendres, où elle m'apparut enfin dans sa beauté, la mer m'a toujours semblé sale ou déplaisante à aborder. Le Lido tant vanté de Venise a des sables d'une affreuse nudité, peuplés d'énormes lézards qui sortent par milliers sous vos pieds, et semblent vous poursuivre de leur nombre toujours croissant, comme dans un mauvais rêve. A Royant, à Marseille, presque partout, je crois, sur nos rivages, une ceinture de varechs gluants et une arène stérile nous gâtent les approches de la mer. A Majorque, je la vis enfin comme je l'avais rêvée, limpide et bleue comme le ciel, doucement ondulée comme une plaine de saphir régulièrement labourée en sillons dont la mobilité est inappréciable, vue d'une certaine hauteur, et encadrée de forêts d'un vert sombre. Chaque pas que nous faisions sur la montagne sinueuse nous présentait une nouvelle perspective toujours plus sublime que la dernière. Néanmoins, comme il nous fallut redescendre beaucoup pour atteindre l'ermitage, la rive, en cet endroit, quoique très-belle, n'eut pas le caractère de grandeur que je lui trouvai en un autre endroit de la côte quelques mois plus tard.

Les ermites qui sont établis là au nombre de quatre ou cinq n'avaient aucune poésie. Leur habitation est aussi misérable et aussi sauvage que leur profession le comporte; et, de leur jardin en terrasse, que nous les trouvâmes occupés à bêcher, la grande solitude de la mer s'étend sous leurs yeux. Mais ils nous parurent personnellement les plus stupides du monde. Ils ne portaient aucun costume religieux. Le supérieur quitta sa bêche et vint à nous en veste ronde de drap bége; ses cheveux courts et sa barbe sale n'avaient rien de pittoresque. Il nous parla des austérités de la vie qu'il menait, et surtout du froid intolérable qui régnait sur ce rivage; mais quand nous lui demandâmes s'il y gelait quelquefois, nous ne pûmes jamais lui faire comprendre ce que c'était que la gelée. Il ne connaissait ce mot dans aucune langue, et n'avait jamais entendu parler de pays plus froids que l'île de Majorque. Cependant il avait une idée de la France pour avoir vu passer la flotte qui marcha en 1830 à la conquête d'Alger; c'avait été le plus beau, le plus étonnant, on peut dire le seul spectacle de sa vie. Il nous demanda si les Français avaient réussi à prendre Alger; et quand nous lui eûmes dit qu'ils venaient de prendre Constantine, il ouvrit de grands yeux et s'écria que les Français étaient un grand peuple.

Il nous fit monter à une petite cellule fort malpropre, où nous vîmes le doyen des ermites. Nous le prîmes pour un centenaire, et fûmes surpris d'apprendre qu'il n'avait que quatre-vingts ans. Cet homme était dans un état parfait d'imbécillité, quoiqu'il travaillât encore machinalement à fabriquer des cuillers de bois avec des mains terreuses et tremblantes. Il ne fit aucune attention à nous, quoiqu'il ne fût pas sourd; et, le prieur l'ayant appelé, il souleva une énorme tête qu'on eût prise pour de la cire, et nous montra une face hideuse d'abrutissement. Il y avait toute une vie d'abaissement intellectuel sur cette cette figure décomposée, dont je détournai les yeux avec empressement, comme de la chose la plus effrayante et la plus pénible qui soit au monde. Nous leur fîmes l'aumône, car ils appartenaient à un ordre mendiant, et sont encore en grande vénération parmi les paysans, qui ne les laissent manquer de rien.

En revenant à la Chartreuse, nous fûmes assaillis par un vent violent qui nous renversa plusieurs fois, et qui rendit notre marche si fatigante que notre malade en fut brisé.

La seconde promenade eut lieu quelques jours avant notre départ de Majorque, et celle-là m'a fait une impression que je n'oublierai de ma vie. Jamais le spectacle de la nature ne m'a saisi davantage, et je ne sache pas qu'il m'ait saisi à ce point plus de trois ou quatre fois dans ma vie.

Les pluies avaient enfin cessé, et le printemps se faisait tout à coup. Nous étions au mois de février; tous les amandiers étaient en fleurs, et les prés se remplissaient de jonquilles embaumées. C'était, sauf la couleur du ciel et la vivacité des tons du paysage, la seule différence que l'œil pût trouver entre les deux saisons; car les arbres de cette région sont vivaces pour la plupart. Ceux qui poussent de bonne heure n'ont point à subir les coups de la gelée; les gazons conservent toute leur fraîcheur, er les fleurs n'ont besoin que d'une matinée de soleil pour mettre le nez au vent. Lorsque notre jardin avait un demi-pied de neige, la bourrasque balançait, sur nos berceaux treillagés, de jolies petites roses grimpantes, qui, pour être un peu pâles, n'en paraissaient pas moins de fort bonne humeur.

Comme, du côté du nord, je regardais la mer de la porte du couvent, un jour que notre malade était assez bien pour rester seul deux ou trois heures, nous nous mîmes enfin en route, mes enfants et moi, pour voir la grève de ce côté-là. Jusqu'alors je n'en avais pas eu la moindre curiosité, quoique mes enfants, qui couraient comme des chamois, m'assurassent que c'était le plus bel endroit du monde. Soit que la visite à l'ermitage, première cause de notre douleur, m'eût laissé une rancune assez fondée, soit que je ne m'attendisse pas à voir de la plaine un aussi beau déploiement de mer que je l'avais vu du haut de la montagne, je n'avais pas encore eu la tentation de sortir du vallon encaissé de Valldemosa.

J'ai dit plus haut qu'au point où s'élève la Chartreuse la chaîne s'ouvre, et qu'une plaine légèrement inclinée monte entre les deux bras élargis jusqu'à la mer. Or, en regardant tous les jours la mer monter à l'horizon bien au-dessus de cette plaine, ma vue et mon raisonnement commettaient une erreur singulière: au lieu de voir que la plaine montait et qu'elle cessait tout à coup à une distance très-rapprochée de moi, je m'imaginais qu'elle s'abaissait en pente douce jusqu'à la mer, et que le rivage était plus éloigné de cinq à six lieues. Comment m'expliquer, en effet, que cette mer, qui me paraissait de niveau avec la Chartreuse, fût plus basse de deux à trois mille pieds? Je m'étonnais bien quelquefois qu'elle eût la voix si haute, étant aussi éloignée que je la supposais; je me rendais pas compte de ce phénomène, et je ne sais pas pourquoi je me permets quelquefois de me moquer des bourgeois de Paris, qui j'étais plus que simple dans mes conjectures. Je ne voyais pas que cet horizon maritime dont je repaissais mes regards était à quinze ou vingt lieues de la côte, tandis que la mer battait la base de l'île à une demi-heure du chemin de la Chartreuse. Aussi, quand mes enfants m'engageaient à venir voir la mer, prétendant qu'elle était à deux pas, je n'en trouvais jamais le temps, croyant qu'il s'agissait de pas d'enfant, c'est-à-dire, dans la réalité, de pas de géant; car on sait que les enfants marchent par la tête, sans jamais se souvenir de leurs pieds, et que les bottes de sept lieues du Petit Poucet sont un mythe pour signifier que l'enfance ferait le tour du monde sans s'en apercevoir.

Enfin je me laissai entraîner par eux, certain que nous n'atteindrions jamais ce rivage fantastique qui me semblait si loin. Mon fils prétendait savoir le chemin; mais, comme tout est chemin quand on a des bottes de sept lieues, et que depuis longtemps je ne marche plus dans la vie qu'avec des pantoufles, je lui objectai que je ne pouvais pas, comme lui et sa sœur, enjamber les fossés, les haies et les torrents. Depuis un quart d'heure je m'apercevais bien que nous ne descendions pas vers la mer, car le cours des ruisseaux venait rapidement à notre rencontre, et plus nous avancions, plus la mer semblait s'enfoncer et s'abîmer à l'horizon. Je crus enfin que nous lui tournions le dos, et je pris le parti de demander au premier paysan que je rencontrerais si, par hasard, il ne nous serait pas possible de rencontrer aussi la mer.

Sous un massif de saules, dans un fossé bourbeux, trois pastourelles, peut-être trois fées travesties, remuaient la crotte avec des pelles pour y chercher je ne sais quel talisman ou quelle salade. La première n'avait qu'une dent, c'était probablement la fée Dentue, la même qui remue ses maléfices dans une casserole avec cette unique et affreuse dent. La seconde vieille était, selon toutes les apparences, Carabosse, la plus mortelle ennemie des établissements orthopédiques. Toutes deux nous firent une horrible grimace. La première avança sa terrible dent du côté de ma fille, dont la fraîcheur éveillait son appétit. La seconde hocha la tête et brandit sa béquille pour casser les reins à mon fils, dont la taille droite et svelte lui faisait horreur. Mais la troisième, qui était jeune et jolie, sauta légèrement sur la marge du fossé, et, jetant sa cape sur son épaule, nous fit signe de la main et se mit à marcher devant nous. C'était certainement une bonne petite fée ; mais sous son travestissement de montagnarde il lui plaisait de s'appeler *Périca de Pier-Bruno*.

Périca est la plus gentille créature majorquine que j'aie vue. Elle et ma chèvre sont les seuls êtres vivants qui aient gardé un peu de mon cœur à Valldemosa. La petite fille était crottée comme la petite chèvre eût rougi de l'être ; mais, quand elle eut un peu marché dans le gazon humide, ses pieds nus redevinrent non pas blancs, mais mignons comme ceux d'une Andalouse, et son joli sourire, son babil confiant et curieux, son obligeance désintéressée, nous la firent trouver aussi pure qu'une perle fine. Elle avait seize ans et les traits les plus délicats, avec une figure toute ronde et veloutée comme une pêche. C'était la régularité de lignes et la beauté de plans de la statuaire grecque. Sa taille était fine comme un jonc, et ses bras nus, couleur de bistre. De dessous son rebozillo de grosse toile sortait une chevelure flottante et mêlée comme la queue d'une jeune cavale. Elle nous conduisit à la lisière de son champ, puis nous fit traverser une prairie semée et bordée d'arbres et de gros blocs de rochers ; et je ne vis plus du tout la mer, ce qui me fit croire que nous entrions dans la montagne, et que la malicieuse Périca se moquait de nous.

Mais tout à coup elle ouvrit une petite barrière qui fermait le pré, et nous vîmes un sentier qui tournait autour d'une grosse roche en pain de sucre. Nous tournâmes ce sentier, et, comme par enchantement, nous nous trouvâmes au-dessus de la mer, au-dessus de l'immensité, avec un autre rivage à une lieue de distance sous nos pieds. Le premier effet de ce spectacle inattendu fut le vertige, et je commençai par m'asseoir. Peu à peu je me rassurai et m'enhardis jusqu'à descendre le sentier, quoiqu'il ne fût pas tracé pour des pas humains, mais bien pour des pieds de chèvre. Ce que je voyais était si beau, que pour le coup j'avais, non pas les bottes de sept lieues, mais les ailes d'hirondelle dans le cerveau ; et je me mis à tourner autour des grandes aiguilles calcaires qui se dressaient comme des géants de cent pieds de haut le long des parois de la côte, cherchant toujours à voir le fond d'une anse qui s'enfonçait sur ma droite dans les terres, et où les barques de pêcheurs paraissaient grosses comme des mouches.

Tout à coup je ne vis plus rien devant moi et au-dessous de moi que la mer toute bleue. Le sentier avait été se promener je ne sais où : la Périca criait au-dessus de ma tête, et mes enfants, qui me suivaient à quatre pattes, se mirent à crier plus fort. Je me retournai et vis ma fille toute en pleurs. Je revins sur mes pas pour l'interroger ; et, quand j'eus fait un peu de réflexion, je m'aperçus que la terreur et le désespoir de ces enfants n'étaient pas mal fondés. Un pas de plus, et je fusse descendu beaucoup plus vite qu'il ne fallait, à moins que je n'eusse réussi à marcher à la renverse, comme une mouche sur le plafond ; car les rochers où je m'aventurais surplombaient le petit golfe, et la base de l'île était rongée profondément au-dessous. Quand je vis le danger où j'avais failli entraîner mes enfants, j'eus une peur épouvantable, et je me dépêchai de remonter avec eux ; mais, quand je les eus mis en sûreté derrière un des gigantesques pains de sucre, il me prit une nouvelle rage de revoir le fond de l'anse et le dessous de l'excavation.

Je n'avais jamais rien vu de semblable à ce que je pressentais là, et mon imagination prenait le grand galop. Je descendis par un autre sentier, m'accrochant aux ronces et embrassant les aiguilles de pierre dont chacune marquait une nouvelle cascade du sentier. Enfin, je commençais à entrevoir la bouche immense de l'excavation où les vagues se précipitaient avec une harmonie étrange. Je ne sais quels accords magiques je croyais entendre, ni quel monde inconnu je me flattais de découvrir, lorsque mon fils, effrayé et un peu furieux, vint me tirer violemment en arrière. Force me fut de tomber de la façon la moins poétique du monde, non pas en avant, ce qui eût été la fin de l'aventure et la mienne, mais assis comme une personne raisonnable. L'enfant me fit de si belles remontrances que je renonçai à mon entreprise, mais non pas sans un regret qui me poursuit encore ; car mes pantoufles deviennent tous les ans plus lourdes, et je ne pense pas que les ailes que j'eus ce jour-là repoussent jamais pour me porter sur de pareils rivages.

Il est certain cependant, et je le sais aussi bien qu'un autre, que ce qu'on voit ne vaut pas toujours ce qu'on rêve. Mais cela n'est absolument vrai qu'en fait d'art et d'œuvre humaine. Quant à moi, soit que l'imagination paresseuse à l'ordinaire, soit que Dieu ait plus de talent que moi (ce qui ne serait pas impossible), j'ai le plus souvent trouvé la nature infiniment plus belle que je ne l'avais prévu, et je ne me souviens pas de l'avoir trouvée maussade, si ce n'est à des heures où je l'étais moi-même.

Je ne me consolerai donc jamais de n'avoir pas pu tourner le rocher. J'aurais peut-être vu là Amphitrite en personne sous une voûte de nacre et le front couronné d'algues murmurantes. Au lieu de cela, je n'ai vu que des aiguilles de roches calcaires, les unes montant de ravin en ravin comme des colonnes, les autres pendantes comme des stalactites de caverne en caverne, et toutes affectant des formes bizarres et des attitudes fantastiques. Des arbres d'une vigueur prodigieuse, mais tous déjetés et à moitié déracinés par les vents, se penchaient sur l'abîme, et du fond de cet abîme une autre montagne s'élevait à pic jusqu'au ciel, une montagne de cristal, de diamant et de saphir. La mer, vue d'une hauteur considérable, produit cette illusion, comme chacun sait, de paraître un plan vertical. L'explique qui voudra.

Mes enfants se mirent à vouloir emporter des plantes. Les plus belles liliacées du monde croissent dans ces rochers. A nous trois, nous arrachâmes enfin un oignon d'amaryllis écarlate, que nous ne portâmes point jusqu'à la Chartreuse, tant il était lourd. Mon fils le coupa en morceaux pour montrer à notre malade un fragment, gros comme sa tête, de cette plante merveilleuse. Périca, chargée d'un grand fagot qu'elle avait ramassé en chemin, et dont, avec ces mouvements brusques et rapides, elle nous donnait à chaque instant par le nez, nous reconduisit jusqu'à l'entrée du village. Je la forçai de venir jusqu'à la Chartreuse pour lui faire un petit présent que j'eus beaucoup de peine à lui faire accepter. Pauvre petite Périca, tu n'as pas su et tu ne sauras jamais combien je t'ai bien fait en me montrant parmi les singes une créature humaine douce, charmante et serviable sans arrière-pensée ! Le soir nous étions tous réjouis de ne pas quitter Valldemosa sans avoir rencontré un être sympathique.

V.

Entre ces deux promenades, la première et la dernière que nous fîmes à Majorque, nous en avions fait plusieurs autres que je ne me rappelle pas, de peur de montrer à mon lecteur un enthousiasme monotone pour cette nature belle partout, et partout semée d'habitations pittoresques à qui mieux mieux, chaumières, palais, églises, monastères. Si jamais quelqu'un de nos grands paysagistes entreprend de visiter Majorque, je lui recommande la maison de campagne de la Granja de Fortuñy, avec le vallon aux cédrats qui s'ouvre devant ses colonnades de marbre, et tout le chemin qui y conduit. Mais, sans aller jusque là, il ne saurait faire dix pas dans cette île enchantée sans s'arrêter à chaque angle du chemin, tantôt devant une citerne arabe ombragée de palmiers, tantôt devant une croix de pierre, délicat ouvrage du quinzième siècle, et tantôt à la lisière d'un bois d'oliviers.

Rien n'égale la force et la bizarrerie de formes de ces antiques pères nourriciers de Majorque. Les Majorquins en font remonter la plantation la plus récente au temps de l'occupation de leur île par les Romains. C'est ce que je ne contesterai pas, ne sachant aucun moyen de prouver le contraire, quand même j'en aurais envie, et j'avoue que je n'en ai pas le moindre désir. A voir l'aspect formidable, la grosseur démesurée et les attitudes furibondes de ces arbres mystérieux, mon imagination les a volontiers acceptés pour des contemporains d'Annibal. Quand on se promène le soir sous leur ombrage, il est nécessaire de bien se rappeler que ce sont là des arbres; car si on en croyait les yeux et l'imagination, on serait saisi d'épouvante au milieu de tous ces monstres fantastiques, les uns se courbant vers vous comme des dragons énormes, la gueule béante et les ailes déployées; les autres se roulant sur eux-mêmes comme des boas engourdis; d'autres s'embrassant avec fureur comme des lutteurs géants. Ici c'est un centaure au galop, emportant sur sa croupe je ne sais quelle hideuse guenon; là un reptile sans nom qui dévore une biche pantelante; plus loin un satyre qui danse avec un bouc moins laid que lui; et souvent c'est un seul arbre crevassé, noueux, tordu, bossu, que vous prendriez pour un groupe de dix arbres distincts, qui se représentent tous ces monstres divers pour se réunir en une seule tête, horrible comme des fétiches indiens, et couronnée d'une seule branche verte comme d'un cimier. Les curieux qui jetteront un coup d'œil sur les planches de M. Laurens ne doivent pas craindre qu'il ait exagéré la physionomie des oliviers qu'il a dessinés. Il aurait pu choisir des spécimens encore plus extraordinaires, et j'espère que le *Magasin pittoresque*, cet amusant et infatigable vulgarisateur des merveilles de l'art et de la nature, se mettra en route un beau matin pour nous en rapporter quelques échantillons de premier choix.

Mais pour rendre le grand style de ces arbres sacrés d'où l'on s'attend toujours à entendre sortir des voix prophétiques, et le ciel étincelant où leur âpre silhouette se dessine si vigoureusement, il ne faudrait rien moins que le pinceau hardi et grandiose de Rousseau [1]. Les eaux limpides où se mirent les asphodèles et les myrtes appelleraient Dupré. Des parties plus arrangées de la nature, quoique libre, semble prendre, par excès de coquetterie, des airs classiques et fiers, tenteraient le sévère Corot. Mais pour rendre les adorables *fouillis* où tout un monde de graminées, de fleurs sauvages, de vieux troncs et de guirlandes éplorées se penche sur la source mystérieuse où la cigogne vient tremper ses longues jambes, j'aurais voulu avoir, comme une baguette magique, à ma disposition, le burin de Huet dans ma poche.

Combien de fois, en voyant un vieux chevalier majorquin au seuil de son palais jauni et délabré, n'ai-je pas songé à Decamps, le grand maître de la caricature sérieuse et ennoblie jusqu'à la peinture historique, l'homme de génie, qui sait donner de l'esprit, de la gaieté, de la poésie, de la vie en un mot, aux murailles même! Les beaux enfants basanés qui jouaient dans notre cloître, en costume de moines, l'auraient diverti au suprême degré. Il aurait eu là des singes à discrétion, et des anges à côté des singes, des pourceaux à face humaine, puis des chérubins mêlés aux pourceaux et non moins malpropres; Perica, belle comme Galatée, crottée comme un barbet, et riant au soleil comme tout ce qui est beau sur la terre.

Mais c'est vous, Eugène, mon vieux ami, mon cher artiste, que j'aurais voulu mener la nuit dans la montagne lorsque la lune éclairait l'inondation livide.

Ce fut une belle campagne où je faillis être noyé avec mon pauvre enfant de quatorze ans, mais où le courage ne lui manqua pas, non plus qu'à moi la faculté de voir comme la nature s'était faite ce soir-là archi-romantique, archi-folle et archi-sublime.

Nous étions partis de Valldemosa, l'enfant et moi, au milieu des pluies de l'hiver, pour aller disputer le pianino de Pleyel aux féroces douaniers de Palma. La matinée avait été assez pure et les chemins praticables; mais, pendant que nous courions par la ville, l'averse recommence de plus belle. Ici, nous nous plaignons de la pluie, et nous ne savons ce que c'est : nos plus longues pluies ne durent pas deux heures; un nuage succède à un autre, et entre les deux il y a toujours un peu de répit. A Majorque, un nuage permanent enveloppe l'île, et s'y installe jusqu'à ce qu'il soit épuisé; cela dure quarante, cinquante heures, voire quatre et cinq jours, sans interruption aucune et même sans diminution d'intensité.

Nous remontâmes, vers le coucher du soleil, dans le birlocho, espérant arriver à la Chartreuse en trois heures. Nous en mîmes sept, et faillîmes coucher avec les grenouilles au sein de quelque lac improvisé. Le birlocho était d'une humeur massacrante; il avait fait mille difficultés pour se mettre en route : son cheval était déferré, son mulet boiteux, son essieu cassé, que sais-je! Nous commencions à connaître assez le Majorquin pour ne pas nous laisser convaincre, et nous le forçâmes de monter sur son brancard, où il fit la plus triste mine du monde pendant les premières heures. Il ne chantait pas, il refusait nos cigares; il ne jurait même pas après son mulet, ce qui était bien mauvais signe; il avait la mort dans l'âme. Espérant nous effrayer, il avait commencé par prendre le plus mauvais des sept chemins à lui connus. Ce chemin s'enfonçant de plus en plus, nous eûmes bientôt rencontré le torrent, et nous y entrâmes, mais nous n'en sortîmes pas. Le bon torrent, mal à l'aise dans son lit, avait fait une pointe sur le chemin; et il n'y avait plus de chemin, mais bien une rivière dont les eaux bouillonnantes nous arrivaient de face, à grand bruit et au pas de course.

Quand le malicieux birlocho, qui avait compté sur notre pusillanimité, vit que notre parti était pris, il perdit son sang-froid et commença à pester et à jurer à faire crouler la voûte des cieux. Les rigoles de pierres taillées qui portent les eaux de source à la ville s'étaient si bien enflées, qu'elles avaient crevé comme la grenouille de la fable. Puis, ne sachant où se damner, elles s'étaient répandues en flaques, puis en mares, puis en lacs, puis en bras de mer sur toute la campagne. Bientôt le birlocho ne sut plus à quel saint se vouer, ni à quel diable se damner. Il prit un bain de jambes qu'il avait assez bien mérité, et dont il nous trouva peu disposés à le plaindre. La brouette fermait très-bien, et nous étions encore à sec; mais d'instant en instant, au dire de mon fils, *la marée montait*, nous allions au hasard, recevant des secousses effroyables, et tombant dans des trous dont le dernier semblait toujours devoir nous donner la sépulture. Enfin, nous penchâmes si bien, que le mulet s'arrêta comme pour se recueillir avant de rendre l'âme: le birlocho se leva et se mit en devoir de grimper sur la berge du chemin qui se trouvait à la hauteur de sa tête; mais il s'arrêta en reconnaissant, à la lueur du crépuscule, que cette berge n'était autre chose que le canal de Valldemosa, devenu fleuve, qui, de distance en distance, se déversait en

---

[1]. Rousseau, un des plus grands paysagistes de nos jours, n'est point connu du public, grâce à l'ostracisme du jury de peinture, qui lui interdit depuis plusieurs années le droit d'exposer ses chefs-d'œuvre.

cascade sur notre sentier, devenu fleuve aussi à un niveau inférieur.

Il y eut là un moment tragi-comique. J'avais un peu peur pour mon compte, et grand'peur pour mon enfant. Je le regardai; il riait de la figure du birlocho, qui, debout, les jambes écartées sur son brancard, mesurait l'abîme, et n'avait plus la moindre envie de s'amuser à nos dépens. Quand je vis mon fils si tranquille et si gai, je repris confiance en Dieu. Je sentis qu'il portait en lui l'instinct de sa destinée, et je m'en remis à ce pressentiment que les enfants ne savent pas dire, mais qui se répand comme un nuage ou comme un rayon de soleil sur leur front.

Le birlocho, voyant qu'il n'y avait pas moyen de nous abandonner à notre malheureux sort, se résigna à le partager, et devenant tout à coup héroïque : « N'ayez pas peur, mes enfants! » nous dit-il d'une voix paternelle. — Puis il fit un grand cri, et fouetta son mulet, qui trébucha, s'abattit, se releva, trébucha encore, et se releva enfin à demi noyé. La brouette s'enfonça de côté : « Nous y voilà ! » se rejeta de l'autre côté : « Nous y voilà encore ! » fit des craquements sinistres, des bonds fabuleux, et sortit enfin triomphante de l'épreuve, comme un navire qui a touché les écueils sans se briser.

Nous paraissions sauvés, nous étions à sec; mais il fallut recommencer cet essai de voyage nautique en carriole une douzaine de fois avant de gagner la montagne. Enfin, nous atteignîmes la rampe; mais là le mulet, épuisé d'une part, et l'autre effarouché par le bruit du torrent et du vent dans la montagne, se mit à reculer jusqu'au précipice. Nous descendîmes pour pousser chacun une roue, pendant que le birlocho tirait maître Aliboron par ses longues oreilles. Nous mîmes ainsi pied à terre je ne sais combien de fois; et au bout de deux heures d'ascension, pendant lesquelles nous n'avions pas fait une demi-lieue, le mulet s'étant acculé sur le pont et tremblant de tous ses membres, nous prîmes le parti de laisser là l'homme, la voiture et la bête, et de gagner la Chartreuse à pied.

Ce n'était pas une petite entreprise. Le sentier rapide était un torrent impétueux contre lequel il fallait lutter avec de bonnes jambes. D'autres menus torrents improvisés, descendant du haut des rochers à grand bruit, débusquaient tout d'un coup à notre droite, et il fallait souvent se hâter pour passer avant eux, ou les traverser à tout risque, dans la crainte qu'en un instant ils ne devinssent infranchissables. La pluie tombait à flots ; de gros nuages plus noirs que l'encre voilaient à chaque instant la face de la lune ; et alors, enveloppés dans des ténèbres grisâtres et impénétrables, courbés sur un vent impétueux, sentant la cime des arbres se plier jusque sur nos têtes, entendant craquer les sapins et rouler les pierres autour de nous, nous étions forcés de nous arrêter pour attendre, comme disait un poëte narquois, que Jupiter eût mouché la chandelle.

C'est dans ces intervalles d'ombre et de lumière que vous eussiez vu, Eugène, le ciel et la terre pâlir et s'illuminer tour à tour des reflets et des ombres les plus sinistres et les plus étranges. Quand la lune reprenait son éclat et semblait vouloir régner dans un coin d'azur rapidement balayé devant elle par le vent, les nuées sombres arrivaient comme des spectres avides pour l'envelopper dans les plis de leurs linceuls. Ils couraient sur elle et quelquefois se déchiraient pour nous la montrer plus belle et plus secourable. Alors la montagne ruisselante de cascades et les arbres déracinés par la tempête nous donnaient l'idée du chaos. Nous pensions à ce beau sabbat que vous avez vu de je ne sais quel rêve, et que vous avez esquissé avec je ne sais quel pinceau trempé dans les ondes rouges et bleues du Phlégéton et de l'Érèbe. Et à peine avions-nous contemplé ce tableau infernal qui posait en réalité devant nous, que la lune, dévorée par les monstres de l'air, disparaissait et nous laissait dans des limbes bleuâtres, où nous semblions flotter nous-mêmes comme des nuages, car nous ne pouvions même pas voir le sol où nous hasardions les pieds.

Enfin nous atteignîmes le pavé de la dernière montagne, et nous fûmes hors de danger en quittant le cours des eaux. La fatigue nous accablait, et nous étions nu-pieds, ou peu s'en faut ; nous avions mis trois heures à faire cette dernière lieue.

Mais les beaux jours revinrent, et le steamer majorquin put reprendre ses courses hebdomadaires à Barcelone. Notre malade ne semblait pas en état de soutenir la traversée, mais il semblait également incapable de supporter une semaine de plus à Majorque. La situation était effrayante; il y avait des jours où je perdais l'espoir et le courage. Pour nous consoler, la Maria-Antonia et ses habitués du village répétaient en chœur autour de nous les discours les plus édifiants sur la vie future. — Ce phthisique, disaient-ils, va aller en enfer, d'abord parce qu'il est phthisique, ensuite parce qu'il ne se confesse pas. — S'il en est ainsi, quand il sera mort, nous ne l'enterrerons pas en terre sainte, et comme personne ne voudra lui donner la sépulcre, ses amis s'arrangeront comme ils pourront. Il faudra voir comment ils se tireront de là ; pour moi, je ne m'en mêlerai pas. — Ni moi. — Ni moi ; et amen !

Enfin nous partîmes, et j'ai dit quelle société et quelle hospitalité nous trouvâmes sur le navire majorquin.

Quand nous entrâmes à Barcelone, nous étions si pressés d'en finir pour toute l'éternité avec cette race inhumaine, que je n'eus pas la patience d'attendre la fin du débarquement. J'écrivis un billet au commandant de la station, M. Belvès, et le lui envoyai par une barque. Quelques instants après, il vint nous chercher dans son canot, et nous nous rendîmes à bord du *Méléagre*. En mettant le pied sur ce beau brick de guerre, tenu avec la propreté et l'élégance d'un salon, en nous voyant entourés de figures intelligentes et affables, en recevant les soins généreux et empressés du commandant, du médecin, des officiers et de tout l'équipage ; en serrant la main de l'excellent et spirituel consul de France, M. Gautier d'Arc, nous sautâmes de joie sur le pont en criant du fond de l'âme : « Vive la France ! » Il nous semblait avoir fait le tour du monde et quitter les sauvages de la Polynésie pour le monde civilisé.

Et la morale de cette narration, puérile peut-être, mais sincère, c'est que l'homme n'est pas fait pour vivre avec des arbres, avec des pierres, avec le ciel pur, avec la mer azurée, avec les fleurs et les montagnes, mais bien avec les hommes ses semblables.

Dans les jours orageux de la jeunesse, on s'imagine que la solitude est le grand refuge contre les atteintes, le grand remède aux blessures du combat ; c'est une grave erreur, et l'expérience de la vie nous apprend que, là où l'on ne peut vivre en paix avec ses semblables, il n'est point d'admiration poétique ni de jouissances d'art capables de combler l'abîme qui se creuse au fond de l'âme.

J'avais toujours rêvé de vivre au désert, et tout rêveur bon enfant avouera qu'il a eu la même fantaisie. Mais croyez-moi, mes frères, nous avons le cœur trop aimant pour nous passer les uns des autres ; et ce qu'il nous reste de mieux à faire, c'est de nous supporter mutuellement ; car nous sommes comme des enfants d'un même sein qui se taquinent, se querellent, se battent même, et ne peuvent cependant pas se quitter.

FIN D'UN HIVER A MAJORQUE.

www.ingramcontent.com/pod-product-compliance
Lightning Source LLC
LaVergne TN
LVHW022124080426
835511LV00007B/1023